Ahoulou Jehiel

DISQUALIFIE

Ahoulou Jehiel

DISQUALIFIE

QUAND DIEU NOUS DISQUALIFIE

Éditions Croix du Salut

Cover image: www.ingimage.com

Publisher:
Éditions Croix du Salut
is a trademark of
Dodo Books Indian Ocean Ltd. and OmniScriptum S.R.L publishing group

120 High Road, East Finchley, London, N2 9ED, United Kingdom
Str. Armeneasca 28/1, office 1, Chisinau MD-2012, Republic of Moldova, Europe
Printed at: see last page
ISBN: 978-620-6-16811-9

DISQUALIFIE

QUANDD DIEU NOUS DISQUALIFIE

AHOULOU JEHIEL

LA VOIX QUI CRIE AU MILIEU DE LA NUIT : JE SUIS LE CEP, VOUS ETES LES SARMENTS, JN15

Avant-propos et remerciements

Mes dix plus beaux sermons

Voici regroupés sous forme de nouvelles dix des sermons ou de messages adressés à l'Eglise de Dieu.

Le nombre DIX exprimant d'avantage l'appel à l'obéissance à cette parole.

Dans un style franc et parlé, l'Ancien harangue, avertit, reprend et encourage l'Héritier à saisir des vérités fondamentales pour sa croissance spirituelle.

Cette série est à la fois un message et une étude biblique « pour que l'homme de Dieu soit parfait » et propre à toutes bonnes œuvres.

QUAND DIEU NOUS DISQUALIFIE...

Nous sommes appelés à courir un décathlon, un marathon à compétir sur un ring... mais tous les coups ne sont pas permis. Tous les itinéraires ne sont pas approuvés Si vous enfreignez les règles l'arbitre témoin présent à toutes les étapes du parcours vous brandit un carton rouge... Lui seul vous certifiera «Matt 25:23 Son maître lui dit : C'est bien, bon et fidèle serviteur ; tu as été fidèle en peu de chose, je te confierai beaucoup ; entre dans la joie de ton maître ».
C'est pourquoi Paul souligne... 1 Cor 9:27 Mais je traite durement mon corps et je le tiens assujetti, de peur d'être moi-même rejeté, après avoir prêché aux autres. Héb 12:1 Nous donc aussi, puisque nous sommes environnés d'une si grande nuée de témoins, rejetons tout fardeau, et le péché qui nous enveloppe si facilement, et courons avec persévérance dans la carrière qui nous est ouverte,
Adam, Moïse, Elie... des hommes célèbres ont été disqualifiés et remplacés... nous écorchons leur parcours pour tenter de comprendre... et que leur vie nous serve d'exemple à nous qui sommes parvenus à la fin des temps.
Pour que l'homme de Dieu soit parfait, tous les ministres de Dieu doivent être au travail en suivant les ordonnances et les lois. Le chemin étant balisé nul n'est appelé à y marcher selon son propre cœur au risque d'être disqualifié.
Vous découvrirez dans leur lecture ou leur étude, la sensibilité du conseiller pédagogique, la finesse de l'Ancien se tenant à vos côtés comme le chien berger pour cerner avec vous les problèmes humains de tous les instants
Vous apprécierez la révélation de Dieu à son serviteur, afin « qu'il nous soit fait selon Sa Parole ».

Merci à tous les frères qui ont prié, conseillé et encouragé la publication de ces messages.

Merci à ma femme et à mes enfants, pour leur compréhension.

SHALOM... Dieu est avec nous, en nous !

Table des matières

QUAND DIEU NOUS DISQUALIFIE

Héb 12:1 Nous donc aussi, puisque nous sommes environnés d'une si grande nuée de témoins, rejetons tout fardeau, et le péché qui nous enveloppe si facilement, et courons avec persévérance dans la carrière qui nous est ouverte,

Le projet de la Rédemption est une marche, sinon une course dans laquelle Dieu engage avec lui des hommes. Chacun est appelé à « courir » dans une voie balisée, en adoptant les règles de la course. Tout manquement entraîne votre disqualification.
Principalement « l'honneur à Dieu » « Tu honores tes fils plus que moi… » Mettre en valeur ou valoriser, grandir.
Honorer… des définitions qu'on peut en tirer. Rendre honneur et respect. « Craignez Dieu et honorez les puissances, Honore ton père et ta mère, si tu veux vivre longuement ; j'oserais dire : honore ton père et ta mère, dusses-tu mourir demain, VOLT ». Il se dit aussi des choses auxquelles on accorde honneur. Accorder des marques d'honneur, des distinctions, d'attention, récompenser richement. Est 6:11 Et Haman prit le vêtement et le cheval, il revêtit Mardochée, il le promena à cheval à travers la place de la ville, et il cria devant lui : C'est ainsi que l'on fait à l'homme que le roi veut honorer ! C'est ainsi que sera honoré celui qu'il plaira au roi d'honorer, Accorder comme une distinction, comme une faveur. Il se dit de la chose accordée comme honneur. Votre confiance m'honore. Quand un roi vous convoque, il n'y a que deux cas possible : soit c'est pour vous exécuter soit c'est pour vous honorer. Mais quand Dieu vous envoie chercher, c'est pour votre bien car pour vous tuer, il n'a point besoin de vous envoyer un messager.
Avoir beaucoup d'estime pour quelqu'un tomberait pratiquement dans la vénération. Donner un caractère honorable à une chose, à une fonction, c'est soigner la fonction par la tenue, le comportement, rendre le corps auquel on appartient respectable. Pour ce qui touchait sa personne, on voyait qu'il prenait à tâcher d'honorer le seul nécessaire, par un retranchement effectif de toutes les superfluités, Héb 11:24 C'est par la foi que Moïse, devenu grand, refusa d'être appelé fils de la fille de Pharaon, Il refuse les honneurs dus à son rang et préfère la maltraitance que subissait se frères. Ou encore 2 Tim 2:4 Il n'est pas de soldat qui s'embarrasse des affaires de la vie, s'il veut plaire à celui qui l'a enrôlé. L'athlète s'impose lui-même des abstinences enfin de remporter le prix de la course. Faire honneur à celui qui vous a sélectionné en se conformant à ses prescriptions.

Et familièrement. Honorer l'aventure, c'est y ajouter des circonstances qui l'embellissent. Il se dit aussi des choses qui font honneur.
Qu'il est doux de porter un nom qui nous honore, revêtir le titre de sacrificateur de Dieu est une position haut placée, c'est un honneur que nous devons honorer afin de ne pas faire honte à celui qui nous a commis ainsi.
Dans l'ancien langage c'est faire montre de politesse, c'est témoigner ses respects. Dans le langage moderne, honorer un avocat, un médecin, lui payer ses honoraires, lui rendre ce qui lui est due.
Faire une chose qui honore. Il s'est honoré par cette action. S'attirer de la considération.
Avoir une estime réciproque l'un pour l'autre. Ces deux hommes se sont toujours honorés l'un l'autre. Dieu nous fait l'honneur d'habiter notre corps par son esprit, nous devons honorer cela par une préservation de notre corps par la souillure. 1 Samuel 2:30 C'est pourquoi voici ce que dit l'Eternel, le Dieu d'Israël : J'avais déclaré que ta maison et la maison de ton père marcheraient devant moi à perpétuité. Et maintenant, dit l'Eternel, loin de moi ! Car j'honorerai celui qui m'honore, mais ceux qui me méprisent seront méprisés.
1 Sam 3:19 Samuel grandissait. L'Eternel était avec lui, et il ne laissa tomber à terre aucune de ses paroles.
On vient dans ce temple saint, non pas pour honorer le Dieu qui l'habite, mais s'honorer souvent soi-même d'un vain extérieur de piété, certains donc trouveront des « appellations » pour modifier pour embellir leur nomination : Révérend Pasteur International ». Matt 15:8 Ce peuple m'honore des lèvres, Mais son cœur est éloigné de moi. L'on peut avoir les extérieurs de la piété mais renier Dieu ou le moquer par ses actes et ses dires.
Honorer Dieu… c'est Avoir du respect pour Dieu et de la crainte pour sa personne dans l'exécution de notre tâche, obéir scrupuleusement à ce qu'il commande sans marchandage aucun. Faire en sorte d'exceller dans notre service au lieu d'y attirer le blâme.
En tant que serviteur d'un Dieu vivant, toutes nos actions et nos dires doivent le grandir, le porter en avant, le révéler tel qu'il voudrait se faire voir.

La disqualification…notion rencontrée dans les milieux sportifs. Terme de turf. Cheval disqualifié, cheval mis hors concours, par suite d'une infraction au règlement commise par son propriétaire ou par son jockey, selon le Littré. L'infraction… action d'un condamné au bannissement qui revient dans le pays d'où il a été banni, et d'un homme placé sous la surveillance de la police qui revient dans les lieux qui lui sont interdits.
La disqualification est une sanction prise par un arbitre à l'encontre d'un joueur, d'un athlète reconnu pour avoir enfreint à une des règles de la compétition. Ce dernier est privé de jeu et pourrait le réintégré selon l'avis d'une commission

ultérieurement. Il ne perd cependant pas sa qualité d'athlète. Mais voilà une compétition déjà perdue.
Pour dire que des lois sont appliquées au coureur, chacun doit s'efforcer de demeurer dans le canevas tracé sous peine de bannissement. Gal 5:13 Frères, vous avez été appelés à la liberté, seulement ne faites pas de cette liberté un prétexte de vivre selon la chair ; mais rendez-vous, par la charité, serviteurs les uns des autres.

La liberté consisterait alors… Jac 1:25 Mais celui qui aura plongé les regards dans la loi parfaite, la loi de la liberté, et qui aura persévéré, n'étant pas un auditeur oublieux, mais se mettant à l'œuvre, celui-là sera heureux dans son activité… à marcher selon ce qui est prescrit. La vraie liberté consiste à obéir à la parole sinon à la voie prescrite. L'athlète s'oblige lui-même des interdits, discipline son corps dans le manger, le boire et le sexe. Et le serviteur de Dieu veillera à garder ses trois aspects de sa vie loin de la corruption : son corps, son âme et sa pensée.
Paul avertit : 1 Cor 9:27 Mais je traite durement mon corps et je le tiens assujetti, de peur d'être moi-même rejeté, après avoir prêché aux autres. Le corps et ses appétences, le corps et ses désirs voilà ce dont il faut savoir ce se garder si l'on veut honorer la compétition.

Cette mise en garde fait référence à un récipient : le corps. Et nous avons noté la correspondance dans le processus de la rédemption. Le premier contenant est formé du Beth et du Kaph, c'est le corps et ses actions. Le deuxième cycle c'est le Gimelh et le Peh, il concerne notre marche et les paroles qui sortent de notre bouche et qui traduisent nos convictions, les choix de notre volonté. Le dernier récipient concerne le Dalet et le Resh. Nous savons ici que la porte s'ouvre pour celui dont les pensées sont les pensées de Dieu. Vous n'êtes plus un ignorant mais Dieu par divers moyens vous fait parvenir à la connaissance de sa volonté et du type de relation qu'il envisage avoir avec vous. La foi venant de la connaissance d'une pensée divine, notre marche est dès lors activée par la foi.
Nous pouvons appelés ces « récipients » « les vases de l'Eternel ». Tout manquement dans votre vocation dans ces trois domaines de votre vie peut entraîner votre disqualification.

Ex 28:41 Tu en revêtiras Aaron, ton frère, et ses fils avec lui. Tu les oindras, tu les consacreras, tu les sanctifieras, et ils seront à mon service dans le sacerdoce.
Un grand soin est souligné au détail près sur la tenue du sacrificateur. Aucun d'eux ne pouvait se présenter dans son office vêtu à la mode du moment. C'est un revêtement du corps, de l'âme et de l'esprit. Personne donc n'est appelé au service du divin selon ses vues ou pour faire ou agir selon ce qui lui semble bon ; Héb 8:5 lesquels célèbrent un culte, image et ombre des choses célestes, selon que Moïse en fut divinement averti lorsqu'il allait construire le tabernacle : Aie soin, lui fut-il dit, de faire tout d'après le modèle qui t'a été montré sur la montagne.

Tout sacrificateur dans toute autre tenue encourait la mort Cor 11:13 Jugez-en vous-mêmes : est-il convenable qu'une femme prie Dieu sans être voilée ? dans le service de Dieu bien que la tenue ne fasse pas le moine, des recommandations sont faites : 1 Timothée 2:9 Je veux aussi que les femmes, vêtues d'une manière décente, avec pudeur et modestie, ne se parent ni de tresses, ni d'or, ni de perles, ni d'habits somptueux, 1 Timothée 2:10 mais qu'elles se parent de bonnes œuvres, comme il convient à des femmes qui font profession de servir Dieu.

Vous enfreignez les règles au nom d'une liberté ou d'une démocratie ou d'un prétexte : nous ne sommes plus sous la loi…, vous bafouez les vases. Dan 5:23 Tu t'es élevé contre le Seigneur des cieux ; les vases de sa maison ont été apportés devant toi, et vous vous en êtes servis pour boire du vin, toi et tes grands, tes femmes et tes concubines ; tu as loué les dieux d'argent, d'or, d'airain, de fer, de bois et de pierre, qui ne voient point, qui n'entendent point, et qui ne savent rien, et tu n'as pas glorifié (ou honoré) le Dieu qui a dans sa main ton souffle et toutes tes voies.
Ici nous avons l'exemple d'un roi païen qui souilla les vases de l'Eternel et qui fut rétribué. Mais quand n'est-il de ceux de la maison qui méprisent le corps du Seigneur ? 1 Cor 3:17 Si quelqu'un détruit le temple de Dieu, Dieu le détruira ; car le temple de Dieu est saint, et c'est ce que vous êtes.
Détruire… (Languir ou gaspiller)… corrompre, se corrompre, ruiner, fouler au pied. « Dans l'opinion des Juifs, le temple était corrompu ou « détruit » lorsque quelqu'un le souillait, ou, au plus haut degré, lorsque une chose y était endommagée, *ou lorsque les gardiens négligeaient leurs devoirs* »
Ecarter une église chrétienne de cet état de connaissance et de sainteté dans lequel il est souhaitable qu'elle demeure, c'est faire preuve de corruption, de dépravation.

Nous comprenons que nous travaillons avec Dieu pour lui bâtir une demeure, une famille et cette famille, cette communauté à venir, c'est nous.
Traiter durement notre corps ne consiste pas à le priver de nourriture ou de plaisirs ou d'habits, mais à ne point céder aux envies de la chair et à toute autre chose qui s'élève contre la pensée de Dieu dans les trois domaines que nous avons présentés.
Deut 18:14 Car ces nations que tu chasseras écoutent les astrologues et les devins ; mais à toi, l'Eternel, ton Dieu, ne le permet pas.
Sinon pour célébrer la grande liberté du « tout est permis » mais pour atteindre le projet de Dieu tout n'est pas utile.

Le sujet que nous débattons est lié à notre salut mais il n'en est pas la déterminante.
Eph 2:8 Car c'est par la grâce que vous êtes sauvés, par le moyen de la foi. Et cela ne vient pas de vous, c'est le don de Dieu.
L'autre dira encore plus loin, « ce n'est pas par les œuvres » c'est par le moyen de la foi.

Cependant dira encore un autre apôtre : si tu dis que tus à la foi, démontre-la à travers des œuvres.
Avoir la foi va avec faire les œuvres. Dans les cas d'Adam que nous écorcherons, nous soulignerons qu'il fut disqualifié cependant l'Ecriture note : Luc 3:38 fils d'Enos, fils de Seth, fils d'Adam, fils de Dieu. Nous de la dispensation de la grâce nous devons comprendre que la grâce ne déteste pas l'observance des principes.
Tite 2:11 Car la grâce de Dieu, source de salut pour tous les hommes, a été manifestée. Tite 2:12 Elle nous enseigne à renoncer à l'impiété et aux convoitises mondaines, et à vivre dans le siècle présent selon la sagesse, la justice et la piété, La grâce est un pédagogue, non seulement elle nous conduit au salut mais en plus elle nous éduque quant à la voie et à la voix que nous devons suivre pour faire les œuvres attendus. La grâce nous enseigne le comment honorer Dieu.
La grâce ne se substitue pas à notre volonté : Matt 26:39 Puis, ayant fait quelques pas en avant, il se jeta sur sa face, et pria ainsi : Mon Père, s'il est possible, que cette coupe s'éloigne de moi ! Toutefois, non pas ce que je veux, mais ce que tu veux. La grâce nous enseigne que pour plaire à Dieu nous devons plonger notre volonté sous la volonté de Dieu : Esaïe 1:19 Si vous avez de la bonne volonté et si vous êtes dociles, Vous mangerez les meilleures productions du pays ;
L'instruction de la grâce comporte plusieurs volets. Elle nous exerce comme un enfant lui apprenant la b a ba des choses qui l'attendent. Elle nous châtie ou punit par des mots, par des coups comme un père punissant son fils ou un juge ordonnant des coups. Son éducation vise à faire des nous de bons ouvriers avec Dieu. La grâce n'accomplit pas les œuvres à notre place.

Le tribunal de Christ souligne deux choses. La première si nous y sommes parvenus, c'est que nous sommes sauvés. Mais le tribunal lui-même est un lieu de récompense. Nous nous y présentons pour être rétribués en fonction des œuvres commises étant dans son corps. 1 Cor 3:15 Si l'œuvre de quelqu'un **est consumée,** il perdra sa récompense ; *pour lui, il sera sauvé, mais comme au travers du feu.*
Nous voyons que la disqualification n'ôte pas notre salut. Elle nous suspend pour un temps par rapport à une œuvre à accomplir, pour cette œuvre-là vous êtes forclos, vous ne remportez pas de prix. Mais sans aucun doute que Dieu dans sa grâce vous appellera à une autre tâche que vous accomplirez diligemment si vous avez retenu la première leçon sanction.

L'ARBRE A TRANSMISSION

Eph 4:16 C'est de lui, et grâce à tous les liens de son assistance, que tout le corps, bien coordonné et formant un solide assemblage, tire son accroissement selon la force qui convient à chacune de ses parties, et s'édifie lui-même dans la charité.

Cette pensée fait suite à un songe à propos du ministère d'un pasteur. Il est pasteur sur une assemblée et cependant les rouages de son administration sont grippés. L'assemblée en souffre et lui semble se réfugier dans les apparences. 2 Sam 7:15 mais ma grâce ne se retirera point de lui, comme je l'ai retirée de Saül, que j'ai rejeté devant toi. Saül fut rejeté et cependant demeura roi encore pendant quelques années. C'est une position fort trompeuse.
Le corps est une assemblage d'éléments distincts. Chaque élément a un fonctionnement qui lui est propre. Et cependant pour sa croissance et son fonctionnement l'organe ciblé a besoin de l'apport d'un autre organe. Pour ce faire, les organes sont reliés les uns aux autres par des « lacets de transmission » : Ex 36:17 On mit cinquante lacets au bord du tapis terminant un assemblage, et l'on mit cinquante lacets au bord du tapis du second assemblage. Ainsi nous avons plusieurs assemblages réunis en un seul assemblage par des lacets (aussi appelés escaliers tournants ou ascenseurs) : les nerfs (réunir en bandes).
Et tous les organes sont reliés à un moteur principal, le cœur. Job 10:11 Tu m'as revêtu de peau et de chair, Tu m'as tissé d'os et de nerfs ;... Sous la muraille que forme notre peau se trouve tout un mécanisme qui participe au bon fonctionnement de tout notre corps.

L'arbre à transmission, notion empruntée à la mécanique automobile est un nerf d'importance. La construction automobile se modernisant, nous avons la traction avant et la traction arrière ou les deux. Cependant le même mécanisme demeure. Nous avons un engrange principal qui se mouvant fait tourner deux bras qui mettent en mouvement deux roues ou plusieurs notées sur des essieux.
Dans la traction arrière, c'est une longue tige qui part du moteur et qui actionne dans un nœud les deux bras qui font tourner les deux roues arrières.
Ce dispositif implique pour nous trois forces en présence : Aleph, Mem et Shin ou encore : Car il y en a trois qui rendent témoignage: « l'Esprit, l'eau et le sang », et les trois sont d'accord.
Ps 23:4 Quand je marche dans la vallée de l'ombre de la mort, Je ne crains aucun mal, car tu es avec moi : Ta houlette et ton bâton me rassurent. Nous y avons Je suis, la Parole et l'Esprit.
Ce qui nous est demandé c'est de marcher conformément aux indications de la Parole et de l'Esprit. Deut 32:47 Car ce n'est pas une chose sans importance pour vous ; ***c'est votre vie, et c'est par là que vous prolongerez vos jours*** dans le pays dont vous aurez la possession, après avoir passé le Jourdain.

L'arbre de transmission, son rôle est très important pour faire avancer le véhicule à moteur. Son entretien est pour éviter des pannes et des accidents mortels. 1 Rois 14:7 Va, dis à Jéroboam : Ainsi parle l'Eternel, le Dieu d'Israël : Je t'ai élevé du milieu du peuple, je t'ai établi chef de mon peuple d'Israël,... Et tu n'as pas été comme mon serviteur David, qui a observé mes commandements et qui a marché après moi de tout son cœur, ne faisant que ce qui est droit à mes yeux…9 Tu as agi plus mal que tous ceux qui ont été avant toi, tu es allé te faire d'autres dieux, et des images de fonte pour m'irriter, et tu m'as rejeté derrière ton dos !

Si l'organe ou l'homme établi sur un assemblage, la communauté, ne reçoit plus ses ordres de celui qui l'a envoyé, il conduit la communauté au naufrage. S'il s'invente un autre évangile, réfute les « écrits de Paul », donne d'autres interprétations qui nient l'écriture… l'arbre de transmission est près d'être abandonné. Il n'a pas été appelé pour faire sa volonté mais celle de celui l'a envoyé.
1 Sam 15:22 Samuel dit : L'Eternel trouve-t-il du plaisir dans les holocaustes et les sacrifices, comme dans l'obéissance à la voix de l'Eternel ? Voici, l'obéissance vaut mieux que les sacrifices, et l'observation de sa parole vaut mieux que la graisse des béliers. Les sacrifices, c'est l'ensemble de tout ce que nous mettons en place : les sorties d'évangélisation, des couples, les manifestations des différentes cellules, les conventions, les semaines spirituelles, si toutes les activités qui sont menées pour dire que la communauté est vivante et qu'elle est conduite par Saint-Esprit.

1 Sam 15:23 Car la désobéissance est aussi coupable que la divination, et la résistance ne l'est pas moins que l'idolâtrie et les théraphim. Puisque tu as rejeté la parole de l'Eternel, il te rejette aussi comme roi.
« L'homme de Dieu » n'a pas à obéir à la culture biblique, aux bases doctrinales de son groupe religieux, encore moins aux lignes directrices tracées par la direction centrale mais à la Parole révélée de Dieu. Non seulement il se nourrira de la Parole écrite mais il ira à la recherche de la Parole parlée : Job 33:14 Dieu parle cependant, tantôt d'une manière, Tantôt d'une autre, et l'on n'y prend point garde. C'est une communion de tous les instants qui lui est demandé par Saint-Esprit.

Transmettre la rotation de la boîte de vitesse aux roues de la voiture… c'est cela qui est demandé : Ex 25:40 Regarde, et fais d'après le modèle qui t'est montré sur la montagne.
C'est une voie de communication entre la boîte de vitesse et l'essieu arrière. Dans une transmission à traction avant, les cardans sont installés sur les deux roues avant. Il a été établi pour donner la nourriture aux temps convenables ou fournir l'impulsion qui convient à la marche à adopter à l'ensemble du corps. Héb 13:17 Obéissez à vos conducteurs et ayez pour eux de la déférence, car ils veillent sur vos âmes comme devant en rendre compte ; qu'il en soit ainsi, afin qu'ils le fassent avec joie, et non en gémissant, ce qui ne vous serait d'aucun avantage. Si l'arbre à transmission n'est pas dans l'obéissance, alors la suite n'obéira pas non plus à la volonté commandée.

Le cardan de transmission comprend parfois: Un arbre central, le pasteur principal. Un arbre intermédiaire pour faire disparaître les vibrations, les anciens et diacres. Une traverse pour transférer les rotations entre les roues, des responsables sont

désignés. Nom 11:16 L'Eternel dit à Moïse : Assemble auprès de moi soixante-dix hommes des anciens d'Israël, de ceux que tu connais comme anciens du peuple et ayant autorité sur lui ; amène-les à la tente d'assignation, et qu'ils s'y présentent avec toi.
Des soufflets de cardan pour protéger des éléments extérieurs… les amortissements permettent le déplacement de l'arbre de transmission. Chaque membre de la communauté si infime ou « insignifiante » soit-il, a un rôle capital.

Les signes d'usure :
Des bruits anormaux ou des sons sourds. C'est cela que nous faisons entendre dans les directives que nous donnons lorsqu'en tant que moyen de transmission nous ne sommes plus connecté au moteur principal. La chose n'est plus entendue. Lorsque vous êtes émoussés, votre enseignement n'est plus entendu. Ceux qui vous écoutent deviennent sourds, mal entendant. Quand les autres ne suivent plus, c'est que notre voix n'est plus entendue. Nous pouvons répéter les séminaires, les enseignements mais pas de fruit. C'est l'effet du canard baigné, l'eau ne pénètre pas ses plumes.
Un bruit de cognement répété lorsqu'on veut changer de direction. Nous avons l'indice d'un nez camus, desséché, voué à la destruction. Nous ne percevons plus l'orientation, la direction à suivre. Notre souplesse face au mouvement de Saint-Esprit se trouve abîmée. Deut 9:13 L'Eternel me dit : Je vois que ce peuple est un peuple au cou roide. Un cou raide, inflexible. Nous n'entendons plus la voix qui dit : Esaïe 30:21 Tes oreilles entendront derrière toi la voix qui dira : Voici le chemin, marchez-y ! Car vous iriez à droite, ou vous iriez à gauche.
Des à-coups du moteur sur un long trajet. C'est un signe que les roues tournent à vide, le cardan se déboitant. C'est cela que fait un moteur en souffrance. Il s'éteint puis se rallume ou fait toussoter la voiture. Notre moteur c'est Dieu. Et bien souvent nous trouvons en rade…1 Sam 3:1 Le jeune Samuel était au service de l'Eternel devant Eli. La parole de l'Eternel était rare en ce temps-là, les visions n'étaient pas fréquentes. La rareté d'une chose lui confère de la valeur. Oui nous donnons des enseignements mais ils ne proviennent pas du moteur, ils ne sont pas inspirés.
La rareté des visions, de l'Esprit qui s'exprime au travers des dons est un signe que notre moteur est en souffrance à cause du mauvais état de l'arbre de transmission.

La présence de graisse sur l'arbre… c'est une fuite de graisse, les soufflets sont endommagés. Il y a perte de graisse, perte d'huile. C'est la perte de ce qui devait produire l'abondance. Eph 4:30 N'attristez pas le Saint-Esprit de Dieu, par lequel vous avez été scellés pour le jour de la rédemption. La fuite de graisse, la fuite d'huile souligne un mauvais rapport avec Saint-Esprit.
Les soufflets, les joints sont des organes insignifiants, des membres qui sont de peu de valeur et qui parfois sont méprisés. Et ce mépris peut coûter beaucoup à tous les corps : 1 Cor 12:23 et ceux que nous estimons être les moins honorables du corps,

nous les entourons d'un plus grand honneur. Ainsi nos membres les moins honnêtes reçoivent le plus d'honneur,
Des membres de notre assemblée ne sont pas bien vus selon la norme des hommes, ils ne sont pas nantis, ne possédant pas des biens, ne participant pas copieusement aux offrandes et autres actions pécuniaires selon nos vues et cependant ce sont des soufflets et des joints sur qui il faut veiller pour éviter que la poussière ne vienne éroder l'engrenage.
Ces situations sont les signes d'une urgente restauration sinon c'est la casse du cardan ou des accidents dangereuses pour le véhicule et pour le passager.

Il est recommandé des contrôles visuels des soufflets et du niveau d'huile et les changements des joints. C'est le point que nous faisons quotidiennement à travers la prière, les visites.

Le prix d'un changement d'un arbre à transmission. Certains dans des assemblées prient pour que Dieu change ou « enlève » l'arbre défaillant et parfois c'est la cassure de la communauté. Par vagues la communauté se dépeuple, certains vont créer d'autres assemblées
Mais un conseil est donné à un homme établi par Dieu... : Gen 35:11 Dieu lui dit : Je suis le Dieu tout-puissant. Sois fécond, et multiplie : une nation et une multitude de nations naîtront de toi, et des rois sortiront de tes reins.
Expression se traduisant par « je suis tout-suffisant » « je suis le moteur », tire ta force de moi. Il nous faut prendre du temps pour revoir l'équipementier Jéhovah-Jiré, pour colmater nos brèches avec lui.
2 Cor 9:10 Celui qui Fournit de la semence au semeur, Et du pain pour sa nourriture, vous fournira et vous multipliera la semence, et il augmentera les fruits de votre justice.

L'arbre de transmission en bon état permet au véhicule de rouler correctement et en toute sécurité. Phil 4:13 Je puis tout par celui qui me fortifie.

ADAM... DISQUALIFIE

L'homme premier qui avait été posé dans l'Eden, n'était pas un ignorant ou dépourvu d'intelligence. Il se nommait Adam : l'homme de la terre, il avait été créé pour régenter la terre, il en était le gardien, doté de capacités. De plus c'est selon la pensée de Dieu qu'il dénomma tous les animaux. Gen 2:19 L'Eternel Dieu forma de la terre tous les animaux des champs et tous les oiseaux du ciel, et il les fit venir vers l'homme, pour voir comment il les appellerait, et afin que tout être vivant portât le nom que lui donnerait l'homme.
Ce fut par ailleurs un premier test reçu. Il travaillait avec Dieu dans la foi. Il fit les choses comme Dieu l'aurait voulu, même si au final il comprit que Dieu l'avait fait

seul. Avant qu'il ne lui enjoignit la femme, il donna un autre ordre express : Gen 2:17 mais tu ne mangeras pas de l'arbre de la connaissance du bien et du mal, car le jour où tu en mangeras, tu mourras.
Il avait une mission, un projet à atteindre mais il y avait des balises. Il y avait la menace du bannissement souligné par « tu mourras ». Cependant sous l'impulsion de sa femme qui fut « labourée » par un autre…Juges 14:18 … Et il leur dit : Si vous n'aviez pas labouré avec ma génisse, vous n'auriez pas découvert mon énigme. Il brisa les scellés, rejeta la Parole qui l'avertissait et commis l'irréparable. La mission se trouva compromisse. Il n'était plus en état de la poursuivre.
Die n'abandonna pas le projet mais se permit de le poursuivre avec un autre Adam : 1 Cor 15:47 Le premier homme, tiré de la terre, est terrestre ; le second homme est du ciel.
Adam fut disqualifié pour avoir osé contrefaire la pensée de Dieu. Dès que sa pensée fut corrompue, c'est sa main qui se déploya et sa boucha mangea l'interdit. Tout son corps, tous les vases de l'Eternel furent alors souillés.
Le second Adam fut confronté à la même pression, c'est dans sa pensée que le combat fut remporté : Mat 26:39 Puis, ayant fait quelques pas en avant, il se jeta sur sa face, et pria ainsi : Mon Père, s'il est possible, que cette coupe s'éloigne de moi ! Toutefois, non pas ce que je veux, mais ce que tu veux. Ni par l'acte, ni par la parole, il ne s'opposa à Dieu, il soumit son être entier au pouvoir de celui qui l'avait copté pour la mission.
Cette victoire fut remportée dans la prière. La prière est une sorte de conversation ou de confidence intérieure soumettant la pensée à la couverture de l'Esprit. La prière englobe les sciences telles que la psychiatrie (la médecine des guérisons mentales) et la psychologie (la science de l'âme). Elle participe de la guérison intérieure. La prière aide à lutter contre les agressions intérieures et fortifie l'esprit
Nous découvrons alors que c'est la tête puis la main et enfin le corps qui reçoit le breuvage ou le réconfort ou la disgrâce. Paul souligne que notre transformation début par la tête ou l'esprit : Rom 12:2 Ne vous conformez pas au siècle présent, mais soyez transformés par le renouvellement de l'intelligence, afin que vous discerniez quelle est la volonté de Dieu, ce qui est bon, agréable et parfait. Nous sommes environnés de bonnes choses, c'est le tout est permis, mais seules les choses parfaites nous font accomplir la volonté de Dieu. Ce sont les choses vraiment utiles. Utile… Qui sert à quelque chose. « Il faisait connaître au roi les hommes les plus capables de remplir les grandes places ; que peut faire de plus utile un zélé ministre ? Ce sont ces hommes qui deviennent humbles pour pouvoir dominer, utiles afin de se rendre nécessaires » « La vie courte de l'homme utile ressemble au plus précieux des métaux, qui a beaucoup de poids sous un petit volume », Sénèque.
Pour faire les œuvres de Dieu selon lui il nous appartient de faire une chose : Esaïe 53:11 A cause du travail de son âme, il rassasiera ses regards ; Par sa connaissance mon serviteur juste justifiera beaucoup d'hommes, Et il se chargera de leurs iniquités.

Comment donc un homme pouvait continuer d'honorer un Dieu qui lui envoyait tant de calamités ? L'esclave était appelé à la révolte, la femme à l'insoumission.

Ps 14:1 Au chef des chantres. De David. « L'insensé dit en son cœur : Il n'y a point de Dieu ! » Ils se sont corrompus, ils ont commis des actions abominables ; Il n'en est aucun qui fasse le bien. Non pas qu'il reconnaisse qu'en vérité Dieu n'existe pas, mais il n'a pas l'intelligence de comprendre les mouvements de Dieu et face à l'épreuve qu'il subit, il est poussé à la révolte et pèche de ses lèvres.
Il se laisse alors aller à la révolte à la provocation de Dieu, à la moquerie pour sa perte. C'est cela que Pennina recherchait chez Anne. La conduire à se comporter comme un insensé : Job 2:10 Mais Job lui répondit : Tu parles comme une femme insensée. Quoi ! nous recevons de Dieu le bien, et nous ne recevrions pas aussi le mal ! *En tout cela Job ne pécha point par ses lèvres*.
C'est Dieu qui avait rendu Anne stérile et c'est Dieu qui avait placé à côté d'elle Pennina pour accentuer son épreuve. Seuls les insensés ne saisissent pas que Dieu a fait toute chose pour un but.
Mais Anne « Dieu a fait une faveur » comprit que sa vie dépendait de Dieu et que Dieu lui avait tracé dans sa grâce une destinée. Elle partit alors à Silo pour comprendre ce que Dieu attendait d'elle. Et la révélation vint. Elle entra en négociation avec Dieu : si tu me donnes un fils mâle, je te le donnerai pour te servir. Dieu attendait un fils qui fasse ses volontés, le fils de la femme qui délivrerait l'homme de l'oppression et elle Anne avait été réservée pour donner ce fils-là. Oh si elle avait écouté la voix de la femme Pennina, elle aurait été disqualifiée.
Aucun des nombreux fils de Pennina n'accéda au poste de Samuel, fils d'Anne. Dieu cherche un fils, heureuse la femme qui ne comportera pas en insensé. Nous dirons que seules les filles d'Eve comprennent les voies de Dieu.

MOISE ... TROQUE

Ps 106:32 Ils irritèrent l'Eternel près des eaux de Meriba ; Et Moïse fut puni à cause d'eux, Ps 106:33 Car ils aigrirent son esprit, Et il s'exprima légèrement des lèvres.
Cette mésaventure de l'homme le plus patient, de l'ami de Dieu, nous n'en parlons pas souvent. Nous savons comment il avait compéti victorieusement face à Pharaon, comment sous sa conduite et de son intimité avec Dieu, il avait traversé la mer rouge à sec, là où la puissance du moment fut engloutie. Mais la pression de son peuple s'accentua, les bouderies se multiplièrent.
Meriba fut le lieu où les querelles, les murmurent eurent raison de l'ami de Dieu au point où lui-même douta de la grâce de Dieu, le nom du lieu où l'eau a jailli du rocher à la frontière sud de la terre promise; le peuple avait encore murmuré contre Dieu.

Le psalmiste rapporte que « l'esprit de Moïse fut aigri ». Poussé à bout l'homme se révolta lui aussi, se rebella contre Dieu, douta de ce qu'il avait entendu de Dieu, il n'y croyait plus lui-même et de ses lèvres et de sa main il commit ce qui le disqualifia. Nom 20:12 Alors l'Eternel dit à Moïse et à Aaron : Parce que vous n'avez pas cru en moi, pour me sanctifier aux yeux des enfants d'Israël, vous ne ferez point entrer cette assemblée dans le pays que je lui donne.
La page du Livre que nous lisons est placée sous la tutelle du Beth. Cette parole parle de maison, de demeure, du lieu du repos. Moïse était chargé d'y conduire le peuple de Dieu, son peuple. Et c'est chemin faisant que le mal s'incrusta dans l'homme et lui fit rater le promis : Héb 4:1 Craignons donc, tandis que la promesse d'entrer dans son repos subsiste encore, qu'aucun de vous ne paraisse être venu trop tard. Mais que surtout l'incrédulité ne vous fasse point dévier de la voie et vous égare dans les ténèbres du dehors. Héb 4:6 Or, puisqu'il est encore réservé à quelques-uns d'y entrer, et que ceux à qui d'abord la promesse a été faite n'y sont pas entrés à cause de leur désobéissance,
Moïse s'était plus d'une fois interposé et avait plaidé coupable à la place du peuple : Ex 33:15 Moïse lui dit : Si tu ne marches pas toi-même avec nous, ne nous fais point partir d'ici.
Il était entouré d'hommes qui malgré les prodiges et les miracles continuaient de médire de la foi et qui excitaient les autres à les suivre.
Lorsque nous avons été copté par Dieu pour une mission, l'entourage peut se permettre des écarts tels l'incrédulité ou la désobéissance, mais au commissionné Dieu ne le permet pas. Sa mission est de révéler Dieu d'en faire la démonstration. Il doit en chacune de ses apparitions faire honneur à Dieu. Lui doit demeurer dans la foi dans l'espérance contre toute espérance.
Actes 14:2 Mais ceux des Juifs qui ne crurent point excitèrent et aigrirent les esprits des païens contre les frères. Moïse perdit patience. Et là face au rocher, « il s'exprima légèrement des lèvres ». Nom 20:10 Moïse et Aaron convoquèrent l'assemblée en face du rocher. Et Moïse leur dit : Ecoutez donc, rebelles ! Est-ce de ce rocher que nous vous ferons sortir de l'eau ? Nom 20:11 Puis Moïse leva la main et frappa deux fois le rocher avec sa verge. Il sortit de l'eau en abondance. L'assemblée but, et le bétail aussi. Le miracle se produisit malgré tout mais la manière fut sanctionnée : 1 Cor 3:10 Selon la grâce de Dieu qui m'a été donnée, j'ai posé le fondement comme un sage architecte, et un autre bâtit dessus. Mais que chacun prenne garde à la manière (en quel état) dont il bâtit dessus.
L'ordre qu'il avait reçu été pourtant clair. Lui habitué à faire « toute chose d'après le modèle vu ou entendu ». Il lui avait dit : Nom 20:8 Prends la verge, et convoque l'assemblée, toi et ton frère Aaron. Vous parlerez en leur présence au rocher, et il donnera ses eaux ; tu feras sortir pour eux de l'eau du rocher, et tu abreuveras l'assemblée et leur bétail.
L'homme fit les choses avec colère et irritation. Cet écart dans le langage et dans le comportement fut sanctionné : Moïse fut puni, « Parce que vous n'avez pas cru en

moi, pour me sanctifier aux yeux des enfants d'Israël, vous ne ferez point entrer cette assemblée dans le pays que je lui donne ».
Souvent Dieu nous commande de prier pour des personnes qui visiblement n'y croient pas ou même sont dans un état comateux, ils ne peuvent nous donne du répondant encourageant, mais nous avons reçu un ordre et la foi ici dépend de celui qui a été commissionné, c'est sa foi qui sauvera le malade.
Aaron mourut loin du lieu de repos et Moïse contempla de loin le pays promis. Et il fut remplacé : Josué 1:2 Moïse, mon serviteur, est mort ; maintenant, lève-toi, passe ce Jourdain, toi et tout ce peuple, pour entrer dans le pays que je donne aux enfants d'Israël.
Lorsque vous serez parvenu à un certain niveau de votre relation avec Dieu, vous devez d'avantage apprendre à le sanctifier, de peur de vous voir disqualifier. 1 Cor 9:27 Mais je traite durement mon corps et je le tiens assujetti, de peur d'être moi-même rejeté, après avoir prêché aux autres.
Sanctifier Dieu… Dieu n'est pas un morceau de bois ordinaire objet d'idolâtrie. Mais un être saint très séparé. Les choses qu'il commande doivent être faites avec discipline et soumission et avec des égards pour sa seigneurie et sa sainteté. « Ce rocher qui les suivait » était Christ, en lui donnant des coups comme il avait fait, il avait manqué de discerner Dieu, ce fut une impolitesse. Et il n'a pas non plus su lui faire sa pétition comme il se devait. De plus lui Moïse n'avait pas la capacité de faire sortir l'eau d'un rocher, il n'y avait donc pas là matière à se vanter, « il parla légèrement de ses lèvres ». Malgré cette boutade, le rocher continua de les suivre et de les abreuver
Moïse n'a pas honoré Dieu, il n'a pas traité le rocher comme une chose sacrée et majestueuse. Le rocher n'a pas été présenté comme une chose à bénir et à honore par le peuple. En agissant ainsi, c'est la sainteté de Dieu de Dieu qu'il a manqué de faire observer.
Il s'est lui-même mis en avant en disant : Ecoutez donc, rebelles ! Est-ce de ce rocher que nous vous ferons sortir de l'eau. « Ce rocher » nommé avec mépris était pourtant Christ qui les suivait.
Un autre avertissait : Héb13 :2 N'oubliez pas l'hospitalité ; car, en l'exerçant, quelques-uns ont logé des anges, sans le savoir. Parce que nous pouvons ne pas discerner qui vient à nous. En agissant avec condescendance, nous nous épargnerons certainement de flouer des êtres divins, si ce n'est Dieu lui-même.

Aux eaux de Meriba, ce fut aussi la grande patience de Moïse qui fut mise à l'épreuve. Cela l'homme de Dieu ne le perçut pas non plus. Chaque action que Dieu pose dans nos vies, c'est pour « vanter » son produit : Job 1:8 L'Eternel dit à Satan : As-tu remarqué mon serviteur Job ? Il n'y a personne comme lui sur la terre ; c'est un homme intègre et droit, craignant Dieu, et se détournant du mal. Nombres 12:3 Or, Moïse était un homme fort patient, plus qu'aucun homme sur la face de la terre.

C'est ce qu'il avait dit. Peut-il encore le soutenir face à la déconvenue de son champion ? « Tu ne m'as pas sanctifié » qu'il lui dira.

Mat 25:21 Son maître lui dit : C'est bien, bon et fidèle serviteur ; tu as été fidèle (tu as été patient) en peu de chose, je te confierai beaucoup ; entre dans la joie de ton maître.
Fidèle au poste, fidèle à la tâche, fidèle à sa vocation… il ne chercha à aucun moment à se substituer à un autre, à lui envier sa place. Comme Lazare, il se tint à la porte du riche et se contenta de ce qu'on jetait à la poubelle. Il ne fit point nommer « révérend » mais demeura « pasteur ou prophète » comme au commencement. Il avait été appelé à une mission et ne s'en détourna point. Il se refusa la tentation de « devenir calife à la place du calife ».

Deut 3:28 Donne des ordres à Josué, fortifie-le et affermis-le ; car c'est lui qui marchera devant ce peuple et qui le mettra en possession du pays que tu verras. Nom 27:20 Tu le rendras participant de ta dignité, afin que toute l'assemblée des enfants d'Israël l'écoute.

Nom 27:22 Moïse fit ce que l'Eternel lui avait ordonné. Il prit Josué, et il le plaça devant le sacrificateur Eléazar et devant toute l'assemblée

SAMSON… TRISTE FIN POUR UN HEROS

Hébr 13:7 Souvenez-vous de vos conducteurs qui vous ont annoncé la parole de ***Dieu ; considérez quelle a été la fin de leur vie, et imitez leur foi***.

Le livre des Juges nous présente un homme qui fait rêver tous les enfants à mal de puissance, un super héros. Il était fort et à lui seul il fut l'armée à un soldat. Seul sans troupe qui l'accompagna cet homme défia les philistins et les vainquit. Cependant…
Le livre est écrit sous le contrôle du Zaïn. Le Zaïn, de valeur 7 le nombre de l'accompli ou du cheminement tracé pour parvenir à un but. Le Zaïn est une arme pour couper ou pour déblayer le chemin : Mat 5:29 Si ton œil droit est pour toi une occasion de chute, arrache-le et jette-le loin de toi ; car il est avantageux pour toi qu'un seul de tes membres périsse, et que ton corps entier ne soit pas jeté dans la géhenne.
Notre caractère est édifié par la parole correspondante, l'Aïn, les yeux pour voir les chemins tracés ou l'apprentissage par l'expérience. Pour dire que les choses que nous vivons doivent ouvrir nos yeux construire notre connaissance, fortifier notre caractère. La conjugaison de ces deux paroles, c'est l'aboutissement d'une communauté construite, parfaite. C'est un homme fait… 2 Tim 2:2 Et ce que tu as entendu de moi en présence de beaucoup de témoins, confie-le à des hommes fidèles, qui soient capables de l'enseigner aussi à d'autres.

A propos le prophète souligne : Joël 1:4 Ce qu'a laissé le gazam, la sauterelle l'a dévoré ; Ce qu'a laissé la sauterelle, le jélek l'a dévoré ; Ce qu'a laissé le jélek, le hasil l'a dévoré.
Il souligne l'envahissement de prédateurs qui s'emparent de ce qui nous revient parce que vous avez manqué une ordonnance en chemin. Ce sont quatre dévoreurs de la même famille qui agissant de concert nous conduisent à la ruine. Les vers de palmiers, ces dévoreurs, Les sauterelles, qui provoquent disparition soudaine par l'accroissement de leur nombre. Le jélek, celui qui lèche, Le hasil, celui qui termine ne laissant rien subsister. Ces choses arrivent à « celui qui tombe dans l'ivresse » qui devient esclave de ce qui le séduit. Le vin en effet réjouit le cœur et fait du bien au cœur mais celui qui en fait l'abus, pour lui… Pro 23:29 Pour qui les ah ? pour qui les hélas ? Pour qui les disputes ? pour qui les plaintes ? Pour qui les blessures sans raison ? pour qui les yeux rouges ? 30 Pour ceux qui s'attardent auprès du vin, Pour ceux qui vont déguster du vin mêlé. Bien de choses sont utiles à notre vie mais les abus du manger, du boire, du sexe nous exposent à l'envahissement des sauterelles et affidées.
S'il y a une chose dont Samson fit la promotion, c'est la sexualité interdite en Israël, l'éloge de la prostitution et c'est aussi ce que nous faisons lorsque la jeune veuve et la fille mariable sont abandonnés à leur sort, quand le père n'estime pas bon de lui trouver un mari. 1 Cor 7:36 Si quelqu'un regarde comme déshonorant pour sa fille de dépasser l'âge nubile, et comme nécessaire de la marier, qu'il fasse ce qu'il veut, il ne pèche point ; qu'on se marie. C'est en appliquant la loi que la communauté est assainie. Que notre héritage nous est préservé.
Jér 17:4 Tu perdras par ta faute l'héritage que je t'avais donné ; Je t'asservirai à ton ennemi dans un pays que tu ne connais pas ; Car vous avez allumé le feu de ma colère, Et il brûlera toujours.
Joël 1:5 Réveillez-vous, ivrognes, et pleurez ! Vous tous, buveurs de vin, gémissez, Parce que le moût vous est enlevé de la bouche !
Colosses est la ville du Zaïn, elle souligne Col 1:9 C'est pour cela que nous aussi, depuis le jour où nous en avons été informés, nous ne cessons de prier Dieu pour vous, et de demander que vous soyez remplis de la connaissance de sa volonté, en toute sagesse et intelligence spirituelle,
La pleine connaissance de la volonté de Dieu et une intelligence renouvelée sont des vertus qui nous gardent dans la chemin.

Samson… Juges 13:24 La femme enfanta un fils, et lui donna le nom de Samson. L'enfant grandit, et l'Eternel le bénit… Samson, « petit soleil », il était brillant comme le soleil à son lever et à son coucher. Juge en Israël, son règne ne dura que 20 ans. Il fut suscité par Dieu dans un temps d'apostasie : Juges 17:6 En ce temps-là, il n'y avait point de roi en Israël. Chacun faisait ce qui lui semblait bon.

Il n'y avait pas de tête dirigeante et le culte du peuple de Dieu laissait à désirer. Certains se permettaient d'avoir leur prêtre privé. Juges 17:12 Mica consacra le Lévite, et ce jeune homme lui servit de prêtre et demeura dans sa maison. Les lieux de culte se multiplient mais la Parole demeure incomprise sinon non prise en compte. Le culte rendu à Dieu n'observait plus les recommandations de la Parole. Et la sentence tomba : Juges 13:1 Les enfants d'Israël firent encore ce qui déplaît à l'Eternel ; et l'Eternel les livra entre les mains des Philistins, pendant quarante ans. Ils additionnèrent péché sur péché jusqu'à ce que le vase déborde et le châtiment vint.

C'est dans ce contexte que Samson fut suscité, sa vocation comme ses prédécesseurs n'avait d'autre but que de rétablir le vrai culte. Il vint au monde avec un secret et une mission : Juges 13:5 Car tu vas devenir enceinte et tu enfanteras un fils. Le rasoir ne passera point sur sa tête, parce que cet enfant sera consacré à Dieu dès le ventre de sa mère ; et ce sera lui qui commencera à délivrer Israël de la main des Philistins. Il vint au monde pour dénoncer la mainmise philistine et la combattre. Et il reçut la provision pour le faire : une force que seul Saint-Esprit donne.

Pour ce faire il y avait les ennemis qui oppressaient son assemblée à vaincre. Il le comprit assez tôt : Juges 13:25 Et l'esprit de l'Eternel commença à l'agiter à Machané-Dan, entre Tsorea et Eschthaol. Quand il percevait le campement des soldats ennemis, il tombait malade comme piqué par des guêpes et il priait, nous pouvons comprendre qu'il cherchait les moyens pour livrer bataille. D'autres disent : 2 Rois 3:15 Maintenant, amenez-moi un joueur de harpe. Et comme le joueur de harpe jouait, *la main de l'Eternel fut* sur Elisée.

Et ce moment vint : Juges 14:2 Lorsqu'il fut remonté, il le déclara à son père et à sa mère, et dit : J'ai vu à Thimna une femme parmi les filles des Philistins ; prenez-la maintenant pour ma femme. Le mariage avec une femme étrangère était le moyen révélé pour engager les hostilités. Ce qui offusqua ses parents mais nous nous lisons : Juges 14:4 Son père et sa mère ne savaient pas que cela venait de l'Eternel : car Samson cherchait une occasion de dispute de la part des Philistins. En ce temps-là, les Philistins dominaient sur Israël.

Le mariage avec une femme étrangère était proscrit par la loi, mais Dieu paraissait être dans la combine. Mais c'était aussi le signe que chacun dans ces temps faisait des choses que Dieu n'admettait pas, comme se prostituer avec les peuples étrangers. Cependant c'est au travers de ce mariage que Samson prit position au sein même de l'adversité.

Samson et le lion : Juges 14:6 L'esprit de l'Eternel saisit Samson ; et, sans avoir rien à la main, Samson déchira le lion comme on déchire un chevreau. Il ne dit point à son père et à sa mère ce qu'il avait fait.

Il se trouvait face à un type des ennemis à vaincre. C'est un esprit conquérant, dépouillant avec violence ses proies. Jean 10:10 Le voleur ne vient que pour dérober, égorger et détruire ; moi, je suis venu afin que les brebis aient la vie, et qu'elles soient dans l'abondance.

Quand l'esprit le saisit, ou il fut poussé par l'esprit et engagea la lutte contre le lion à main nue. La main figure notre autorité sinon les actions que Saint-Esprit nous pousse à faire. Nous y allons sans compter sur quelque support que nous offrirait le monde mais en comptant sur les capacités intrinsèques liées à notre vocation. Nous découvrons qu'il avait la provision pour faire ce qu'il doit faire. Mais plus tard il oublia que sans « le saisissement de l'esprit » il n'était rien, quand l'Esprit ne bouge pas nous ne devons pas bouger, nous ne le pouvons pas car le résultat sera lamentable. C'est l'esprit le véritable corps, c'est lui qui dicte les mouvements et attitudes du corps, notre âme en traduit le savoir être. Sans l'esprit le corps est une coquille vide et notre âme erre sans but. Cela vérifie ce que dit le prophète : Jean 15:5 Je suis le cep, vous êtes les sarments. Celui qui demeure en moi et en qui je demeure porte beaucoup de fruit, car sans moi vous ne pouvez rien faire.

Juges 14:8 Quelque temps après, il se rendit de nouveau à Thimna pour la prendre, et se détourna pour voir le cadavre du lion. Et voici, il y avait un essaim d'abeilles et du miel dans le corps du lion.
« Il se détourna » me semble être sa première vraie faute. « Il quitta le chemin », il se laissa distraire. Et là Juges 14:9 Il prit entre ses mains le miel, dont il mangea pendant la route ; et lorsqu'il fut arrivé près de son père et de sa mère, il leur en donna, et ils en mangèrent. Mais il ne leur dit pas qu'il avait pris ce miel dans le corps du lion. Le miel est bon mais sa provenance est douteuse, il est ici fournit par un corps mort, ce que la loi interdit par ailleurs : Nom 19:13 Celui qui touchera un mort, le corps d'un homme qui sera mort, et qui ne se purifiera pas, souille le tabernacle de l'Eternel ; celui-là sera retranché d'Israël. Comme l'eau de purification n'a pas été répandue sur lui, il est impur, et son impureté est encore sur lui.
Ce miel malgré sa belle présentation est ressemblant au fruit interdit d'Eden. Il y a d'autres fruits à manger mais pas celui-là. Il y a beaucoup de paroles qui sont annoncées ici et là mais la vraie parole qui nourrit et celle qui sort de la bouche de Dieu. Jac 3:1 Mes frères, qu'il n'y ait pas parmi vous un grand nombre de personnes qui se mettent à enseigner, car vous savez que nous serons jugés plus sévèrement. Rom 2:21 toi donc, qui enseignes les autres, tu ne t'enseignes pas toi-même ! Toi qui prêches de ne pas dérober, tu dérobes !
Si ces parents avaient su la provenance de ce miel, ils n'en auraient pas mangé cachotier va !

Samson et son énigme.
Juges 14:14 Et il leur dit : De celui qui mange est sorti ce qui se mange, et du fort est sorti le doux. Pendant trois jours, ils ne purent expliquer l'énigme.
L'énigme qu'il proposa au peuple de sa femme était une occasion d'en tuer quelques-uns. Cependant là il reçut un avertissement dont il ne tint pont compte dans la suite : Juges 14:17 Elle pleura auprès de lui pendant les sept jours que dura leur

festin ; et le septième jour, il la lui expliqua, car elle le tourmentait. Et elle donna l'explication de l'énigme aux enfants de son peuple.
Cela nous rappelle ce qui se produisit en Eden, nous avons là l'indice d'une femme « qui tourmente son mari aux fins d'obtenir de lui des informations ou de l'amener à enfreindre une résolution. Nous appelons cela la voix de la femme. Lorsqu'il se confia excédé à la femme… il mangea le fruit interdit : « Et elle donna l'explication de l'énigme aux enfants de son peuple ». C'était une trahison conjugale.
Juges 14:18 Les gens de la ville dirent à Samson le septième jour, avant le coucher du soleil : Quoi de plus doux que le miel, et quoi de plus fort que le lion ? Et il leur dit : Si vous n'aviez pas labouré avec ma génisse, vous n'auriez pas découvert mon énigme.
« Labouré »… travaillé au corps, il s complotèrent le mal avec la femme. Souvent la traitrise par l'offre de trente pièces d'argent. Satan disait à la femme « vous serez comme Dieu ». Il brisa ainsi son silence pour l'amener à parler. Que la femme se taise, refusant ainsi de se faire labourer.

Juges 14:19 « L'esprit de l'Eternel le saisit », et il descendit à Askalon. Il y tua trente hommes, prit leurs dépouilles, et donna les vêtements de rechange à ceux qui avaient expliqué l'énigme. Il était enflammé de colère, et il monta à la maison de son père. Il abandonna la femme qui l'avait trahi.
Jusque-là nous découvrons l'Esprit de Dieu qui conduisait certains de ces mouvements. Il ressentit la traitrise de la femme comme une infamie, Askalon. Il se « coupa de la femme » qui était pour lui une occasion de chute et « monta à la maison de son père ». Toute véritable coupure produit une ascension, nous nous séparons de ce qui est bas pour tendre vers ce qui est élevé. « La maison de son père » est le lieu de son éducation de sa formation. « La chambre de ma mère » est le lieu des rapports intimes, des accouplements bénis, de la reproduction de l'espèce : Cant 3:4 A peine les avais-je passés, Que j'ai trouvé celui que mon cœur aime ; Je l'ai saisi, et je ne l'ai point lâché Jusqu'à ce que je l'aie amené dans la maison de ma mère, Dans la chambre de celle qui m'a conçue. -.

Toutefois l'homme retourna vers ce qu'il a vomi. Elle retourna chercher celle qui avait trahi. Notre coupure d'avec ce qui nous traîne vers le bas doit être nette, sans regret. Mais il ne la trouva plus en place.
Juges 15:2 J'ai pensé dit-il, que tu avais pour elle de la haine, et je l'ai donnée à ton compagnon. Est-ce que sa jeune sœur n'est pas plus belle qu'elle ? Prends-la donc à sa place. Et il l'abandonna
Outre la femme qu'il prit chez ses ennemis, il y avait aussi un « homme auquel il était lié ». Nous ne voyant nulle part Samson s'entourant d'hommes de son peuple, les personnes qui le consolent ou lui donnent des conseils et ses consolations provenaient de ses ennemis. Il était un homme qui faisait cavalier seul. Et cela aussi est un mal. Paul souligne : Gal 2:2 et ce fut d'après une révélation que j'y montai.

Je leur exposai l'Evangile que je prêche parmi les païens, je l'exposai en particulier à ceux qui sont les plus considérés, afin de ne pas courir ou avoir couru en vain.
En agissant ainsi Samson montrait qu'il était dépourvu de sens. L'onction ne confère pas la sagesse ou le tout savoir, d'autres vous apporteront leur expertise.
Lorsqu'il tenta de récupérer la femme et qu'on ne lui permit pas, il trouva encore là une occasion de vengeance, mais cette fois, l'esprit de l'Eternel ne le saisit pas.
Etam, la tanière des bêtes sauvages qui lui servit de lieu de refuge nous indique qu'il s'engluait dans des vengeances gratuites, l'homme faisait les choses selon sa volonté. Nous disons que ce type de culte ne peut honorer Dieu. Même pour la guerre, il y a des lois, lui s'engageait dans une guerre de maquis, de terrorisme. Il nous faut battre nos ennemis et nous le ferons proprement. Nous devons leur envoyer une ambassade pour leur déclarer la guerre.
Juges 15:9 Alors les Philistins se mirent en marche, campèrent en Juda, et s'étendirent jusqu'à Léchi.
Cette provocation mit les philistins en colère et ils déclarèrent la guerre à Juda. Léchi indique qu'une offense doit être levée.

Juges 15:11 Sur quoi trois mille hommes de Juda descendirent à la caverne du rocher d'Etam, et dirent à Samson : Ne sais-tu pas que les Philistins dominent sur nous ? Que nous as-tu donc fait ? Il leur répondit : Je les ai traités comme ils m'ont traité.
Ces dernières actions peuvent être mises sur le compte de la vengeance gratuite.il ne combattait pas les guerres de l'Eternel. Et bien souvent nous entreprenons des évangélisations, des marches d'évangélisation… mais nous ne sommes pas saisis par l'esprit de l'Eternel, nous actons de notre propre fond. Nous sommes déjà engagés dans la voie de la désobéissance.

Juges 15:14 Lorsqu'il arriva à Léchi, les Philistins poussèrent des cris à sa rencontre. Alors l'esprit de l'Eternel le saisit. Les cordes qu'il avait aux bras devinrent comme du lin brûlé par le feu, et ses liens tombèrent de ses mains.
Jusque-là l'onction de Dieu continuait de se mouvoir en lui mais Pro 31:30 La grâce est trompeuse, et la beauté est vaine ; La femme qui craint l'Eternel est celle qui sera louée. La force de Samson ne provenait pas de lui mais de la promesse de Dieu, de la Parole qu'il avait conclu avec sa mère. C'est cette présence de Dieu qui fait croire à l'impudique que malgré son état se dégradant Dieu regarde à son cœur que les actes qu'il pose ne sont pas la manifestation de son âme et que Dieu est toujours avec lui est une ignorance fâcheuse. L'apparente prospérité des croyants dans la désobéissance est un piège pour leur âme. Lorsque le pasteur mu par ses pensées orgueilleuses se laisse appeler « révérend » par ses ouailles à ses pieds, il est sur une pente glissante. Et bien souvent nous prenons la masse qui fréquente notre assemblé pour une certification de Dieu, nous nous permettons alors de rêvasser à la gloire. Nous voilà « devenus Dieu ».

Juges 15:18 Pressé par la soif, il invoqua l'Eternel, et dit : C'est toi qui as permis par la main de ton serviteur cette grande délivrance ; et maintenant mourrais je de soif, et tomberais-je entre les mains des incirconcis ?
Samson n'était pas un homme qui invoquait souvent Dieu, il n'érigeait pas d'autel, mais pressé par un besoin charnel, il produisit Dieu. Il présenta la loi dans sa supplication : il est circoncis et Dieu ne peut le laisser dans les mains de ses ennemis.
Juges 15:19 Dieu fendit la cavité du rocher qui est à Léchi, et il en sortit de l'eau. Samson but, son esprit se ranima, et il reprit vie. C'est de là qu'on a appelé cette source En-Hakkoré ; elle existe encore aujourd'hui à Léchi. Là il fit une complainte et Dieu l'exauça malgré les déviations que nous relevons. 2 Tim 2:13 si nous sommes infidèles, il demeure fidèle, car il ne peut se renier lui-même. Là à Léchi il démontra sa connaissance de la loi... mais la loi est un couteau à double tranchant, ou elle vous justifie ou elle vous condamne

.
Juges 16:1 Samson partit pour Gaza ; il y vit une femme prostituée, et il entra chez elle.
Gaza, le lieu fort qui nous insuffle le fait d'être fortifié, nous suggère aussi la propre confiance d'un homme se confiant dans sa chair et se croyant en sécurité. Il galvaudait son invincibilité. Il ne se tenait pas dans une posture consacrée et sanctifiée. Persuadé qu'il était « qu'il s'en sortirait comme les autrefois ».
Et là Samson se rendit chez une prostituée. Si sa première épousée était philistine sous le contrôle de Dieu, cet écart venait de lui et il enfreignait la loi. Lév 21:7 Ils ne prendront point une femme prostituée ou déshonorée, ils ne prendront point une femme répudiée par son mari, car ils sont saints pour leur Dieu.
Ce que Dieu déclare pur, il le sanctifie pour ses serviteur et ne leur tient pas rigueur : Osée 1:2 La première fois que l'Eternel adressa la parole à Osée, l'Eternel dit à Osée: Va, prends une femme prostituée et des enfants de prostitution ; car le pays se prostitue, il abandonne l'Eternel !
Oh soyez certain que pour « entrer chez la prostituée vous avez reçu un ordre express de Dieu. Ne tentons pas le Seigneur ! Pour entrer chez Délila dans la suite Samson n'avait point entendu l'ordre formel de Dieu. Délila était faible et coquette, cette fragilité de la femme et son élégance séduisit l'homme de Dieu. Et là il finit par lui ouvrit son cœur. Elle avait pourtant utilisé les mêmes artifices des femmes : pleurnicher pour attendrir. Il avait répudié sa première femme pour une trahison. Mais avec Délila il supportait patiemment la trahison, il s'ancrait dans la bêtise. Il était charmé par le démon de l'impudicité : Gal 3:1 O Galates, dépourvus de sens ! qui vous a fascinés, vous, aux yeux de qui Jésus-Christ a été peint comme crucifié ?

La fascination est le résultat d'un enseignement : Prov 7:21 Elle le séduisit à force de paroles, Elle l'entraîna par ses lèvres doucereuses.

Les hommes célèbres qui sont tombés dans la luxure ont eu leur âme à l'écoute de leur oreille, un sens du corps. Ils ont écouté la voix de la femme, la fascination de la chair.
L'on raconte dans l'histoire de l'Afrique des empires du Mali qu'un roi puissant et sorcier fut aussi subjugué par la beauté d'une femme qui finit par lui faire avouer le secret de sa puissance et Soumangourou Kanté fut vaincu au combat par un ergo de coq.
Oh depuis la chute en Eden, « la femme est devenue l'alliée du diable ». Elle a la connaissance du bien et du mal, sachez l'écouter. Néh 13:26 N'est-ce pas en cela qu'a péché Salomon, roi d'Israël ? Il n'y avait point de roi semblable à lui parmi la multitude des nations, il était aimé de son Dieu, et Dieu l'avait établi roi sur tout Israël ; néanmoins, les femmes étrangères l'entraînèrent aussi dans le péché.

Juges 16:13 Delila dit à Samson : Jusqu'à présent tu t'es joué de moi, tu m'as dit des mensonges. Déclare-moi avec quoi il faut te lier. Il lui dit : Tu n'as qu'à tisser les sept tresses de ma tête avec la chaîne du tissu.
Le mensonge est l'autre volet que nous percevons chez cet homme de Dieu. Or il est écrit : Jean 8:44 Vous avez pour père le diable, et vous voulez accomplir les désirs de votre père. Il a été meurtrier dès le commencement, et il ne se tient pas dans la vérité, parce qu'il n'y a pas de vérité en lui. Lorsqu'il profère le mensonge, il parle de son propre fonds ; car il est menteur et le père du mensonge. En s'engageant dans le mensonge, le juste Samson renie sa paternité.
Nous ne percevons nulle part que Samson se soit repenti de tout ce lot de mensonge, il s'y complaisait plutôt.
Certes l'homme ne peut vivre sans péché, cependant 1 Jean 2:1 Mes petits enfants, je vous écris ces choses, afin que vous ne péchiez point. Et si quelqu'un a péché, nous avons un avocat auprès du Père, Jésus-Christ le juste. Nous sommes appelés promptement à confesser notre déviation et à reprendre la marche dans le chemin.
Sinon Ecc 10:1 Les mouches mortes infectent et font fermenter l'huile du parfumeur ; un peu de folie l'emporte sur la sagesse et sur la gloire. Et là chez Délila il finit par tomber « dans le sommeil spirituel ». L'absence de vigilance lui fit perdre « ses cheveux », sinon la présence de Saint-Esprit.

Juges 16:20 Elle dit alors : Les Philistins sont sur toi, Samson ! Et il se réveilla de son sommeil, et dit : *Je m'en tirerai comme les autres fois, et je me dégagerai. Il ne savait pas que l'Eternel s'était retiré de lui*.
L'homme pensait que l'onction que la force qu'il avait pour opérer les prodiges venait de lui. Qu'il pouvait actionner un bouton et voilà… il était devenu fier et arrogant. Rom 11:18 ne te glorifie pas aux dépens de ces branches. Si tu te glorifies, sache que ce n'est pas toi qui portes la racine, mais que c'est la racine qui te porte.
Lorsque dans notre être nous manquons d'humilité, nous ne pouvons pas marcher humblement avec Dieu. L'humilité est un état de notre âme tout comme l'orgueil et

la vanité. Un homme rempli de miséricorde est pleinement conscient de toute sa faiblesse : Phil 4:13 Je puis tout par celui qui me fortifie. S'Il n'est pas présent en mon être, je ne puis rien du tout.
Dieu s'est retiré de Samson dès qu'il éventra son secret pas avant. Dès ce moment l'accord était rompu, l'alliance ne tenait plus. Dieu se retira d'Adam dès qu'il « mangea le fruit interdit ». Nous dirons dès qu'il confessa par ses lèvres la Parole à ne pas dire. Jacques 1:26 Si quelqu'un croit être religieux, sans tenir sa langue en bride, mais en trompant son cœur, la religion de cet homme est vaine.
Ce que notre ennemi veut, c'est le secret de notre force : l'humilité, la beauté de la sainteté. C'est ce qui nous fait tenir debout malgré toutes ses tentatives. Malgré tout ce qu'il fit tomber comme malheur sur Job, ce dernier était encore debout parce qu'il refuse que ses lèvres disent son secret : Job 2:10 Mais Job lui répondit : Tu parles comme une femme insensée. Quoi ! nous recevons de Dieu le bien, et nous ne recevrions pas aussi le mal ! En tout cela Job ne pécha point par ses lèvres.
A lui aussi la femme fut envoyée pour qu'il maudisse Dieu, mais il résista. Samson lui se compromit avec la femme, il pécha par ses lèvres. Maudire Dieu était le vœu de Satan : Job 2:5 Mais étends ta main, touche à ses os et à sa chair, et je suis sûr qu'il te maudit en face.

Juges 15:20 Samson fut juge en Israël, au temps des Philistins, pendant vingt ans.
Le règne de Samson fut de courte durée. Il fut fait prisonnier et dans un dernier sursaut invoqua l'Eternel qui le sauna « comme au travers du feu ». Mais son règne prit fin. Dans un baroud d'honneur, il engloutit ses ennemis avec lui.
Juges 16:28 Alors Samson invoqua l'Eternel, et dit : Seigneur Eternel ! Souviens-toi de moi, je te prie ; ô Dieu ! Donne-moi de la force seulement cette fois, et que d'un seul coup je tire vengeance des Philistins pour mes deux yeux !
Il avait eu les yeux crevés. Ces yeux dont il ne servait pas pour sonder les choses de Dieu pour aller à la méditation de la Parole mais plutôt pour voir « les désirs de la chair ». Dans toute sa conduite sous son règne, il avait manqué de comprendre les voies de Dieu, de s'attacher la loi de Dieu et de la mettre en pratique, il se confia en son onction, il a assouvi les désirs de sa chair son règne fut de courte durée et sa fin dramatique.
Nous concluons cependant : Héb 11:32 Et que dirai-je encore ? Car le temps me manquerait pour parler de Gédéon, de Barak, de ***Samson***, de Jephthé, de David, de Samuel, et des prophètes,... 33 qui, par la foi, vainquirent des royaumes, exercèrent la justice, obtinrent des promesses, fermèrent la gueule des lions,...
Triste fin pour un héros de Dieu !

UNE SACRIFICATURE EVENTREE

1 Sam 2:29 Pourquoi foulez-vous aux pieds mes sacrifices et mes offrandes, que j'ai ordonné de faire dans ma demeure ? ***Et d'où vient que tu honores tes fils plus***

que moi, afin de vous engraisser des prémices de toutes les offrandes d'Israël, mon peuple ?

Dans ces temps de vaches maigres qu'était le temps des juges, un sacrificateur paya la note forte pour avoir manqué de « couper ses fils dévergondés »

Ce passage sur Eli nous révèle une Parole, Le Teth. C'est le panier ou se trouve le serpent à dompter. Elle signifie aussi la boue saleté humide et gluante qui vous empêche d'avancer à votre aise. L'allusion au serpent traduit la quête de la sagesse, une sagesse enfouie dans l'homme qui a besoin de s'élever. Jacques 1:5 Si quelqu'un d'entre vous manque de sagesse, qu'il la demande à Dieu, qui donne à tous simplement et sans reproche, et elle lui sera donnée.

Eli…élevé, ascension… il avait une destinée glorieuse et cependant… 1 Sam 1:3 Chaque année, cet homme montait de sa ville à Silo, pour se prosterner devant l'Eternel des armées et pour lui offrir des sacrifices. Là se trouvaient les deux fils d'Eli, Hophni et Phinées, sacrificateurs de l'Eternel.

Lui et ses deux fils furent vite épinglés par la Parole, le Teth. C'est le panier de basket ici vous ne pouvez marquer des buts autrement. C'est le bouclier utilisé par les guerriers à l'épée et à la lance, c'est sous le bouclier que vous pouvez éteindre les traits enflammés du malin. C'est surtout le serpent qui sort d'un panier et qui nous révèle la sagesse qui doit se faire jour. Il est aussi traduit par la boue, une terre glaise qui vous fait patiner ou qui vous retiens dans la mélasse. Toutes ces définitions nous situent sur cette Parole et nous font comprendre la situation d'Eli et de ses fils.

L'autre dira : 1 Cor 3:10 Selon la grâce de Dieu qui m'a été donnée, j'ai posé le fondement comme un sage architecte, et un autre bâtit dessus. Mais que chacun prenne garde à la manière dont il bâtit dessus.

Osée 14:9 Que celui qui est sage prenne garde à ces choses ! Que celui qui est intelligent les comprenne ! Car les voies de l'Eternel sont droites ; Les justes y marcheront, Mais les rebelles y tomberont.

Lorsqu'Anne se présenta ce jour-là au temple pour marchander avec Dieu, le sacrificateur ne discerna pas ce qui se passait, il traita la femme de soularde. 1 Sam 1:14 et il lui dit : Jusques à quand seras-tu dans l'ivresse ? Fais passer ton vin. Nous estimons que l'homme de Dieu n'était plus dans la révélation. Et pour cause. 1 Sam 2:12 Les fils d'Eli étaient des hommes pervers, ils ne connaissaient point l'Eternel. Si nous ne pouvons manifestement rien reprocher à Eli, ses fils par contre étaient sa plaie et l'objet de sa disqualification. Lui se faisant vieux manquait de voir ce qui se déroulait sous ses yeux. Nous avons là deux sacrificateurs dans l'office avec leur père. Les enfants se comportaient de manière odieuse. 1 Sam 2:13 Et voici quelle était la manière d'agir de ces sacrificateurs à l'égard du peuple. Lorsque quelqu'un offrait un sacrifice, le serviteur du sacrificateur arrivait au moment où l'on faisait cuire la chair. Tenant à la main une fourchette à trois dents,

Ces fils étaient la boue qui faisait tourner la sacrificature en rond et leur père n'eut point la force de caractère « pour les couper ». Que dire ? Ces fils de sacrificateur

qui secondaient leur père vieilli, se servaient en premier dans les offrandes. C'étaient pour eux les offrandes. Ils en choisissaient les meilleures parts, travestissaient la destination des dîmes et des offrandes, méprisaient les sacrifices d'action de grâce. Ils mettaient leur aise et leur confort en premier.
Lorsque la dîme dans sa pratique est méprisée, le Seigneur n'en est point honoré. La dîme comme l'enseigne la loi est un repas communautaire, ce n'est pas le salaire du prêcheur. En plus dans les offrandes, il ne faut point oublier les veuves, les orphelins et les nécessiteux. Lorsque le pasteur se monopolisent la dîme, il se comporte comme les fils d'Eli. Il s'accapare les meilleures parts pour lui et sa famille selon que dit Amos : Amos 4:1 Ecoutez cette parole, génisses de Basan qui êtes sur la montagne de Samarie, Vous qui opprimez les misérables, qui écrasez les indigents, Et qui dites à vos maris : Apportez, et buvons ! C'est l'offrande qui intéresse le prêcheur pas celui qui vient exposer un problème. Le pasteur a à cœur d'assurer son confort et ses aises. De garantir ses voyages et son bien-être familial. Aujourd'hui les pasteurs et leurs femmes suivent la même formation pastorale, c'est le couple qui devient « appelé de Dieu » et si dans cette grisaille le pasteur écoute la « voix de la femme », vives les dérives. La femme est alors installée au-dessus des anciens et la prédication lui revient de droit.

1 Sam 2:15 Même avant qu'on fît brûler la graisse, le serviteur du sacrificateur arrivait et disait à celui qui offrait le sacrifice : Donne pour le sacrificateur de la chair à rôtir ; il ne recevra de toi point de chair cuite, c'est de la chair crue qu'il veut.
Cette façon d'agir est un mépris du commandement. Le sacrificateur a droit au sacrifice après qu'on eut brûlé la graisse à Dieu, pas avant. Elle traduit toutes nos attitudes et philosophies pour contrefaire la parole.
C'est la consécration de l'objection : Dieu a-t-il réellement dit… nous introduirons alors une autre parole pour consacrer des pratiques que la Parole interdit formellement : le voile de la femme, l'enseignement de la femme, le baptême des bébés, la consécration des nouveaux convertis. «C'est la chair qu'il veut » souligne bien notre propension à marcher selon la chair et non selon la parole. C'est un choix délibéré. C'est une révolte ouverte.
1 Samuel 2:17 Ces jeunes gens se rendaient coupables devant l'Eternel d'un très grand péché, parce qu'ils méprisaient les offrandes de l'Eternel.

1 Sam 2:22 Eli était fort âgé et il apprit comment ses fils agissaient à l'égard de tout Israël ; il apprit aussi qu'ils couchaient avec les femmes qui s'assemblaient à l'entrée de la tente d'assignation.
Job 32:7 Je disais en moi-même : Les jours parleront, Le grand nombre des années enseignera la sagesse.
N'est-ce pas cela que nous inspire le grand âge ? mais nous découvrons comme Samson… « Mais en réalité, dans l'homme, c'est l'esprit, Le souffle du Tout-

Puissant, qui donne l'intelligence ; 9 Ce n'est pas l'âge qui procure la sagesse, Ce n'est pas la vieillesse qui rend capable de juger.
L'attitude des fils d'Eli… Nous appellerons cela « le droit du cuissage ». Ce sont ces hommes de Dieu qui déshabillent les femmes en assemblée pour laver leur intimité sous prétexte de la purifier ou les délivrer. Ces femmes qui venant à confesse deviennent des proies sexuelles. Et que n'inventons nous pas pour trouver matière à coucher ? Sous le prétexte de la délivrance, nous adoptons des attitudes qui frisent la pornographie. Nous manipulons le corps de la femme selon nos envies. 1 Cor 5:1 On entend dire généralement qu'il y a parmi vous de l'impudicité, et une impudicité telle qu'elle ne se rencontre pas même chez les païens ; c'est au point que l'un de vous a la femme de son père.
Mais cette déviation sexuelle au milieu du clergé est sans nom, c'est une dépravation du sacerdoce. C'est le prêcheur qui utilise son autorité pour abuser de la femme sinon pour assouvir des pulsions sexuelles dont il n'a pas été délivré lui-même.

1 Samuel 2:25 Si un homme pèche contre un autre homme, Dieu le jugera ; mais s'il pèche contre l'Eternel, qui intercédera pour lui ? Et ils n'écoutèrent point la voix de leur père, car l'Eternel voulait les faire mourir.
Malgré l'avertissement de père, les déviations se poursuivaient et le père en réalité ne prit jamais de sanctions coercitives. Il laissait faire.
Amis le Dieu qui rend une femme stérile a aussi arrêté leur mort. Il a volontiers endurci le cœur des enfants. Certains parleraient d'une volonté permissive. Nous dirons que la prospérité apparente des fils dans la désobéissance est un piège pour leurs âmes. Quand Dieu « ne dit rien » de votre vécu en couple impudique, c'est que votre sort est arrêté devant lui. Heureux êtes-vous s'il vous envoie un émissaire pour vous avertir.
La sacrificature sous Eli prit tragiquement fin. 1 Samuel 2:27 Un homme de Dieu vint auprès d'Eli, et lui dit : Ainsi parle l'Eternel: Ne me suis-je pas révélé à la maison de ton père, lorsqu'ils étaient en Egypte dans la maison de Pharaon ?
1 Samuel 2:29 Pourquoi foulez-vous aux pieds mes sacrifices et mes offrandes, que j'ai ordonné de faire dans ma demeure ? Et d'où vient que tu honores tes fils plus que moi, afin de vous engraisser des prémices de toutes les offrandes d'Israël, mon peuple ?
Nous avons noté ces questionnements de Dieu : ***« Pourquoi foulez-vous aux pieds mes sacrifices ».*** Actes 26:14 Nous tombâmes tous par terre, et j'entendis une voix qui me disait en langue hébraïque : Saul, Saul, *pourquoi me persécutes-tu ?* Il te serait dur de regimber contre les aiguillons. Regimber, donner un coup de pied dans une chose méprisable ou par la colère.
Il y a certaines comportements que nous appelle à justifier : pourquoi ? Fais-tu bien d'agir ainsi ? L'attitude des fils est une rébellion contre Dieu. C'est le refus de souscrire à ce qui a été commandé et de faire les choses selon sa tête ou selon les

désirs de sa chair. Nous dirons que toute personne qui « écoute la voix de la femme » est une rébellion à Dieu.
1 Sam 2:28 Je l'ai choisie parmi toutes les tribus d'Israël pour être à mon service dans le sacerdoce, pour monter à mon autel, pour brûler le parfum, pour porter l'éphod devant moi, et j'ai donné à la maison de ton père tous les sacrifices consumés par le feu et offerts par les enfants d'Israël. C'était cela son statut.

Pourquoi… pour quelle raison nous engageons-nous dans la rébellion ? Qu'est ce qui nous pousse à enfreindre les ordres de Dieu ? A aller contre ce que Dieu a établi pour nous ?
Pour un sacrificateur, le choix de sa personne est arrêté depuis le commencement.
Matt 19:27 Pierre, prenant alors la parole, lui dit : Voici, nous avons tout quitté, et nous t'avons suivi ; qu'en sera-t-il pour nous ?
Les privations sont dues à son rang et à son statut, il n'a pas droit aux possessions de tous les hommes, il n'a pas d'héritage sur la terre. En devenant serviteur de Dieu, vous renoncez à beaucoup pour vous conformer aux pensées de Dieu et le monde qualifiera votre choix de stupidité : Matt 8:20 Jésus lui répondit : Les renards ont des tanières, et les oiseaux du ciel ont des nids ; mais le Fils de l'homme n'a pas où reposer sa tête.
Même certains furent privés de femme : Jér 16:2 Tu ne prendras point de femme, Et tu n'auras dans ce lieu ni fils ni filles. Et ils font vœu de chasteté sans tricherie aucune. Ceux qui se tiennent dans la virginité ou dans le célibat doivent persévérer à honorer Dieu qui les a appelés. Adoptés d'autres attitudes telles que la masturbation, la pédophilie ou l'adultère est une rébellion contre son appelant.

2 Rois 5:20 Guéhazi, serviteur d'Elisée, homme de Dieu, se dit en lui-même : Voici, mon maître a ménagé Naaman, ce Syrien, en n'acceptant pas de sa main ce qu'il avait apporté ; l'Eternel est vivant ! je vais courir après lui, et j'en obtiendrai quelque chose.
2 Rois 5:25 Puis il alla se présenter à son maître. Elisée lui dit : *D'où viens-tu, Guéhazi ?* Il répondit : Ton serviteur n'est allé ni d'un côté ni d'un autre. Ce n'était pas une question pour savoir mais un reproche à cause de ce qui a été fait. Adam où es-tu ? Maintenant que tu as quitté là où tu avais été établi, ou te retrouves-tu ?
Guéhazi aussi avait été commis à la prêtrise, mais sa condition, la pitance du jour, le quotidien ne lui plaisait pas. Il voyait d'un mauvais œil que l'homme de Dieu ne fasse point payer sa guérison de la lèpre à Naaman ce qui lui aurait coûté les yeux de la tête s'il était allé en clinique. Certains disent : je prie pour toi, tu guéris du cancer de sein et tu ne me donne rien. Et il maudisse dans leur cœur.
Un frère me suggéra : Lazare devait convertir l'homme riche et s'emparer de sa fortune, n'ayant pas réussi cela, il est mort pauvre, il a échoué dans sa mission. Pour beaucoup servir Dieu doit vous conduire à être plus riche que le ministre de Sarkozi. Et ils ne voudront avoir dans leurs assemblées que des hommes et des femmes

fortunés par de nécessiteux qu'il va falloir aider financièrement. Hélas pour l'heure… Mat 26:11 car vous avez toujours des pauvres avec vous, mais vous ne m'avez pas toujours… pour aller explorer des contrées ou des quartiers non commandés, Guéhazi fut demis du sacerdoce et remplacé. La lèpre de Naaman venue s'attacher à lui le disqualifia.

D'où viens-tus Guéhazi. La mendicité prophétique des fils… il était pour une mission extra mensongère. 2 Rois 5:22 Il répondit : Tout va bien. Mon maître m'envoie te dire : Voici, il vient d'arriver chez moi deux jeunes gens de la montagne d'Ephraïm, d'entre les fils des prophètes ***; donne pour eux, je te prie, un talent d'argent et deux vêtements de rechange.***

Ce fils de prophète… Guéhazi… délirait totalement. Mais sa préoccupation est aussi la nôtre. Notre revendication est menée par Pierre, un autre qui ne tituberait point.

Matt 19:27 Pierre, prenant alors la parole, lui dit : Voici, nous avons tout quitté, et nous t'avons suivi ; qu'en sera-t-il pour nous ?

La condition des lévites au milieu d'Israël… Fils d'Aaron, fils de Lévi. Nom 26:62 … Ils ne furent pas compris dans le dénombrement des enfants d'Israël, parce qu'il ne leur fut point donné de possession au milieu des enfants d'Israël.

Nous avons tout quitté… travail, héritage…femme, enfant… les exigences du Dieu des prophètes sont parfois rudes…

Ez 24:18 J'avais parlé au peuple le matin, et ma femme mourut le soir. Le lendemain matin, je fis ce qui m'avait été ordonné… Point de deuil ?

1 Cor 9:6 Ou bien, est-ce que moi seul et Barnabas nous n'avons pas le droit de ne point travailler ? 1 Cor 9:5 N'avons-nous pas le droit de mener avec nous une sœur qui soit notre femme, comme font les autres apôtres, et les frères du Seigneur, et Céphas ?

Nos droits, fils de Lévi… ne sont pas reconnu… vous êtes consacrés à une volonté. Ce que Dieu veut, voilà vos droits

« Une Servante pasteur, plaintive meuglait : si vous ne donnez pas la dîme au pasteur… comment vivra-t-il avec … femme, enfant, voiture et maison à payer »… j'en rajoute.

Lorsqu'Elisée refusa « les dons généraux »… le fils du prophète saisit l'aubaine. Tout ce qu'il fit était hors volonté du maître. Mensonge, espièglerie… arnaques.

1 Tim 6:9 Mais ceux qui veulent s'enrichir tombent dans la tentation, dans le piège, et dans beaucoup de désirs insensés et pernicieux qui plongent les hommes dans la ruine et la perdition.

Le souci du manger et du boire prophétique a fait dévier les vocations. Nous suivons plus les mouvements de Saint-Esprit, nous encensons la loi quand cela nous arrange mais nous sommes de la grâce quand il s'agit d'appliquer la loi.

« Tiens il a parlé de centuple… » « Marc 10:30 ne reçoive au centuple, présentement dans ce siècle-ci, des maisons, des frères, des sœurs, des mères, des enfants, et des terres, avec des persécutions, et, dans le siècle à venir, la vie éternelle ».
Mais moi je vous dis, fils de Lévi… « Vous n'êtes pas dénombrés » pour le partage. Joseph sera ministre en Egypte mais pas vous. Et si cela avait été entendu, vous ne vous acharneriez point sur les dîmes et les offrandes pour en faire vos acquis.

Deut 12:19 Aussi longtemps que tu vivras dans ton pays, garde-toi de délaisser le Lévite. …Un vie d'aumônier… ? Celui qui vie d'aumône. Vous vivrez du bon vouloir de vos ouailles. Des offrandes volontaires selon que prescrit la loi ou de libéralités selon que prescrit la grâce.
Et chaque fois que vous voulez soutenir « votre faire par une Parole écrite »… vous sortez toujours du contexte…
Mal 3:10 Apportez à la maison du trésor toutes les dîmes, Afin qu'il y ait de la nourriture dans ma maison ; Mettez-moi de la sorte à l'épreuve, Dit l'Eternel des armées. Et vous verrez … Cet écrit de la loi, vous l'aimez très beaucoup.

Lisons bien les lois qui instruisent les dîmes et les offrandes…
Deut 16:16 Trois fois par année, tous les mâles d'entre vous se présenteront devant l'Eternel, ton Dieu, dans le lieu qu'il choisira : à la fête des pains sans levain, à la fête des semaines, et à la fête des tabernacles. « On ne paraîtra point devant l'Eternel les mains vides ».
Deut 12:21 Si le lieu que l'Eternel, ton Dieu, aura choisi pour y placer son nom est éloigné de toi, tu pourras tuer du gros et du menu bétail, comme je te l'ai prescrit, et tu pourras en manger dans tes portes selon ton désir.
Deut 14:22 Tu lèveras la dîme de tout ce que produira ta semence, de ce que rapportera ton champ chaque année.
Deut 14:23 Et tu mangeras devant l'Eternel, ton Dieu, dans le lieu qu'il choisira pour y faire résider son nom, la dîme de ton blé, de ton moût et de ton huile, et les premiers-nés de ton gros et de ton menu bétail, afin que tu apprennes à craindre toujours l'Eternel, ton Dieu.

Rien ne souligne que dîmes et offrandes sont pour fortifier votre maison ou pour scolariser vos enfants, leur achetant le meilleur sur le marché… Rien.
Tous les fils de prophète se refusant le moulin et leur tenue de fils de Lévi… trahissent comme Guéhazi.
Et puis dites-vous, nous sommes sous la grâce et elle ne prône pas « le payer la dîme » mais plus les offrandes et les libéralités. Mais ils trouveront ces fils des moyens marketings pour renflouer les caisses de la famille.
Grande sera votre surprise quand les ordres que vous donnez ne sont plus transmis.

ELIE REMPLACE

Elie, le feu est la clé… n'est-il pas ? Jamais homme avant lui n'avait fait de tels prodiges. Il ferma le ciel trois années durant. Puis il fit tomber le feu du ciel, enfin la pluie vint à sa demande. Jac 5:17 Elie était un homme de la même nature que nous : il pria avec instance pour qu'il ne plût point, et il ne tomba point de pluie sur la terre pendant trois ans et six mois.
Le temps des juges avait pris fin, suivait la royauté avec ses exigences. Là encore le peuple rejetait Dieu et sollicitait être conduit par un homme. 1 Samuel 8:7 L'Eternel dit à Samuel : Ecoute la voix du peuple dans tout ce qu'il te dira ; car ce n'est pas toi qu'ils rejettent, c'est moi qu'ils rejettent, afin que je ne règne plus sur eux.
Quand l'Esprit de Dieu ne gouverne pas nos mouvements, c'est encore la chair qui prend le dessus : Rom 8:7 car l'affection de la chair est inimitié contre Dieu, parce qu'elle ne se soumet pas à la loi de Dieu, et qu'elle ne le peut même pas.
Samuel avait prévenu : 1 Sam 8:11 Il dit : Voici quel sera le droit du roi qui régnera sur vous. Il prendra vos fils, et il les mettra sur ses chars et parmi ses cavaliers, afin qu'ils courent devant son char ;… il vous réduira en esclavage. Ce roi fera voter une parole qui vous régira for malheureusement en mal.

La Parole qui commande cet épisode est le Kaph. Elle commande la prise en main de notre destinée : Jean 10:18 Personne ne me l'ôte, mais je la donne de moi-même ; j'ai le pouvoir de la donner, et j'ai le pouvoir de la reprendre : tel est l'ordre que j'ai reçu de mon Père. Il s'agit pour l'homme de prendre les bonnes décisions pour se construire une vie épanouie. Et la bonne décision se prend dans la prière, c'est une sollicitation faite à Dieu pour nous conduire dans la voie que nous devons suivre bénéfiquement. Jér 17:4 Tu perdras par ta faute l'héritage que je t'avais donné ; Je t'asservirai à ton ennemi dans un pays que tu ne connais pas ; Car vous avez allumé le feu de ma colère, Et il brûlera toujours.

Un roi Achab (un frère du père) qui se confiait dans sa chair plutôt, avait conduit le peuple et les hommes de Dieu dans l'idolâtrie. Le peuple se retrouvait sous le joug de l'oppression démoniaque. Le sacré et le profane cohabitaient, le peuple servait Dieu, le peuple servait Baal. Ce syncrétisme ne pouvait conduire à la prospérité attendue. Mat 6:24 Nul ne peut servir deux maîtres. Car, ou il haïra l'un, et aimera l'autre ; ou il s'attachera à l'un, et méprisera l'autre. Vous ne pouvez servir Dieu et Mamon.
Aujourd'hui encore l'homme veut obéir à la Parole de Dieu et obéir aux lois et coutumes votées dans les nations. Nous avons optés pour des lois sexuelles qui n'avantagent ni les hommes ni les femmes. Mais plutôt conduit l'homme dans la déchéance. Nous ne voulons pas des lois édictées par la Parole. Nos filles se prostituent, nos garçons se livrent à l'homosexualité sinon à la bestialité. Nous avons opté pour le « vivre en couple » ou « le mariage à l'essai » ou « le goûter pour voir ».

Notre société est en souffrance pour ne pas savoir choisir qu'elle Parole ou quelle constitution la conduirait.
Dieu leur suscita un libérateur, pour sortir de ce labyrinthe, il faut choisir qui dirigera notre vie. Il faut saisir le bon appui pour avancer droitement. Au milieu de leur nuit, on cria : 1 Rois 18:21 Alors Elie s'approcha de tout le peuple, et dit : Jusqu'à quand clocherez-vous des deux côtés ? Si l'Eternel est Dieu, allez après lui ; si c'est Baal, allez après lui ! Le peuple ne lui répondit rien.

C'était un homme comme le commun des mortels, assis sur les même bancs d'Église que nous, cependant, c'était un commissionné de Dieu. Il crie : « je suis le cep, vous êtes les sarments, sans moi vous ne pouvez rien faire, Jn15 ».
Il était apparu dans un de ces temps où la femme supplantait la royauté et poussait, l'homme à s'élever contre la pensée de Dieu, à la maltraitance d'autres hommes ; 1 Rois 21:7 Alors Jézabel, sa femme, lui dit : Est-ce bien toi maintenant qui exerces la souveraineté sur Israël ? Lève-toi, prends de la nourriture, et que ton cœur se réjouisse ; moi, je te donnerai la vigne de Naboth de Jizreel.
Pour elle la domination, consiste à s'approprier tout ce qu'on veut du moment qu'on est l'autorité. Avec Jézabel nous découvrons la femme qui « peut faire mieux que l'homme » et qui revendique la domination. Dans cette campagne contre le mal, la chair veut prendre les commandes sinon, elle utilisera l'homme à ses fins. Amos 4:1 Ecoutez cette parole, génisses de Basan qui êtes sur la montagne de Samarie, Vous qui opprimez les misérables, qui écrasez les indigents, Et qui dites à vos maris : Apportez, et buvons !
Non ni la prêtrise ni la royauté ne sont des sauf-conduits pour opprimer les hommes. Quand un roi ou un gouvernant n'est pas à l'écoute de Dieu, sa population tombe dans la servitude et les souffrances sont partout constatées.

Lui Elie avait été commis à cette époque pour mettre fin au désordre. Il partit en mission les bras chargé de prodiges. Sa campagne visait en particulier la femme Jézabel.
L'homme fit irruption dans le royaume d'Achab sous une Parole, le Chaf, c'est un contenant qui souligne la paume de la main, de valeur 20, elle est en correspondance avec le Beth, un autre contenant et le Resh. Le Kaph est le contenant du milieu, il s'agit de notre âme, de notre vouloir. Il traduit les décisions que nous prenons sous la houlette de nos pensées ou de notre esprit ou de notre corps, de notre chair avec ses désirs.
Achab « le frère du père » était un homme appelé à la ressemblance de son père, sinon un qui devait faire les choses conformément à son père : Jean 5:19 Jésus reprit donc la parole, et leur dit : En vérité, en vérité, je vous le dis, le Fils ne peut rien faire de lui-même, il ne fait que ce qu'il voit faire au Père ; et tout ce que le Père fait, le Fils aussi le fait pareillement. Pour dire que ses actions devaient être dictées par esprit ou l'Esprit de Dieu. Ou encore, il devait marcher selon l'Esprit. Il devait

soumettre sa volonté à la volonté de son père pour exercer la royauté. Mais il avait une femme, une qui supplantait toutes les décisions du conseil de l'église. Et il écoutait « la voix de la femme ». Jézabel,... 1 Rois 16:31 Et comme si c'eût été pour lui peu de chose de se livrer aux péchés de Jéroboam, fils de Nebath, il prit pour femme Jézabel, fille d'Ethbaal, roi des Sidoniens, et il alla servir Baal et se prosterner devant lui... Jézabel, « l'impudique, Baal est l'époux ». Cette femme choisie hors de la maison paternelle, non dans le seigneur, traduisait les actions qui se poseront selon « la chair ». Cette femme le conduisit à bâtir des maisons pour Astarté, le pieu sacré des femmes. Les besoins de la femme se résument en satisfaction sexuelle et en richesse matérielle. Il est aussi dit que la chair, Gal 5:17 Car la chair **a des désirs contraires à ceux de l'Esprit, et l'Esprit en a de contraires** à ceux de la chair ; ils sont opposés entre eux, afin que vous ne fassiez point ce que vous voudriez. Une femme qui ne craint pas Dieu vous conduira à l'offenser. « Oh je traite durement mon corps », s'écriait Paul.

Sous la houlette de sa chair, sa femme, « les autels de Dieu furent renversés ». 1 Rois 16:32 Il éleva un autel à Baal dans la maison de Baal qu'il bâtit à Samarie, Baal « le maître, le possesseur ». Le conseil de la femme, l'amour pour une femme faisait qu'un roi d'Israël déviait de sa mission. Elle avait conduit la royauté à persécuter les prophètes de Dieu. Tous ceux qui se refusaient de s'aligner sur son enseignement, qui refusaient de manger à sa table, de participer au repas du fruit interdit, furent tués.

850 homme de Dieu se rallièrent à elle et enseignèrent l'égarement au peuple de Dieu. Ils moquaient le voile de la femme, moquaient la soumission de la femme, moquaient le vêtement décent de la femme, moquaient l'enseignement qui demandait à la femme de se taire dans l'assemblée, de ne pas enseigner. L'on disait volontiers que Saint-Esprit n'a pas de sexe. L'on vantait la prédominance des femmes dans les assemblés. L'on célébrait dans l'assemblée toutes les fêtes païennes adorant la femme. La femme qui remplissait par ailleurs l'assemblée était adulée pour ses offrandes et pour ce qu'elle faisait plus que l'homme pour la congrégation. Elle était installé diaconesse, « ancienne », responsable peu importe sa situation maritale.

La femme préférerait être « maîtresse ou lesbienne ou polyandre » mais rejetait la polygamie qui pouvait la sanctifier ou la loi du lévirat.

850 est un nombre qui symbolise, les nouvelles réformes que la femme sollicite dans un nouveau commencement ou elle aura la prééminence sur l'homme. Désormais l'homme ne sera plus seul chef de la famille, sinon que la chefferie de la famille reviendra en totalité à la femme. 850 c'est 5 autres apôtres commis pour enseigner ce que la femme veut, 850 c'est une obéissance servile à l'enseignement de la femme sous peine d'être mis à mort : 1 Rois 19:14 Il répondit : J'ai déployé mon zèle pour l'Eternel, le Dieu des armées ; car les enfants d'Israël ont abandonné ton alliance, ils ont renversé tes autels, et ils ont tué par l'épée tes prophètes ; je suis resté, moi seul, et ils cherchent à m'ôter la vie.

C'était 850 vases de l'Eternel qui servaient les desseins du malin.
« Ils ont renversé tes autels… ». L'on peut aisément déterminer que les autels renversé ou détruits pour le faux enseignement, concerne l'autel des holocaustes dans le parvis et l'autel des parfums dans le lieu saint.
L'autel des holocaustes concerne toutes les actions à poser pour sanctifier le corps : le baptême d'eau, la confession des péchés, la sexualité purifiante.
Principalement : 1 Cor 3:17 Si quelqu'un détruit le temple de Dieu, Dieu le détruira ; car le temple de Dieu est saint, et c'est ce que vous êtes. En se livrant à l'impudicité, à la vie en couple, à la sexualité libre selon son penchant sous l'égide de la femme, c'est l'habitation de Dieu qui lui est contestée.
L'autre autel renversé, c'est la prière. Notre prière comprend nos pétitions mais savons-nous ce qu'il convient de demander dans nos prières ? Il y a aussi les actions de grâce et les supplications. Elle est adressée à Dieu. Cependant le faux enseignement a placé Baal devant les yeux du peuple. Baal leur est présenté comme leur seigneur et leur maître, c'est vers Baal qu'il faut désormais se tourner Ex 34:14 Tu ne te prosterneras point devant un autre dieu ; car l'Eternel porte le nom de jaloux, il est un Dieu jaloux. Ici c'est la paternité de Dieu qui lui est refusé sur son peuple. Le peuple est conduit dans l'idolâtrie. L'on enseignera volontiers l'utilisation des reliques, les pèlerinages, les amulettes et les huiles venues d'Israël pour obtenir la faveur de Dieu, si l'on ne passe pas par l'unique oint de la communauté, le prophète et sa femme.
Baal, c'est aussi l'enseignement qui nie que Dieu veut guérir ses enfants : Jacques 5:14 Quelqu'un parmi vous est-il malade ? Qu'il appelle les anciens de l'Eglise, et que les anciens prient pour lui, en l'oignant d'huile au nom du Seigneur ;… cet enseignement souligne qua Baal a mis en place la médecine, la science et que nous devons les consulter et nous prierons après.
Kaph, c'est une paume de main tendue pour recevoir de Dieu, c'est le corps en prière devant Dieu dans la posture qu'il attend de tous. Or Astarté enseigne que la femme ne devra plus dépendre de l'homme, elle s'émancipe.1 Cor 11:13 Jugez-en vous-mêmes : est-il convenable qu'une femme prie Dieu sans être voilée ?
Non la femme ne se tiendra plus dans les restrictions de Paul, elle se tiendra dans la tenue qui lui convient et fera tout ce que l'homme fait les cheveux au vent.

1 Rois 17:1 Elie, le Thischbite, l'un des habitants de Galaad, dit à Achab : L'Eternel est vivant, le Dieu d'Israël, dont je suis le serviteur ! il n'y aura ces années-ci ni rosée ni pluie, sinon à ma parole.
C'est dans ce contexte qu'il fit irruption. Quand il ferma le robinet de « la rosée et de la pluie », il s'en prenait directement à la déesse de la prospérité, Astarté. Il prononçait un jugement contre l'enseignement de la femme. Il privait la femme de ce qui fait son confort. La sécheresse prive la femme de son fils, il n'y a plus d'eau qui la fertilise. 2 Rois 6:29 Nous avons fait cuire mon fils, et nous l'avons mangé.

Et le jour suivant, je lui ai dit : Donne ton fils, et nous le mangerons. Mais elle a caché son fils. La famine et le manque conduit la femme au cannibalisme.
Mais Elie fit plus. Il immola les 850 hommes qui servaient Astarté, ces hommes serviteurs qui se sont égarés loin de l'enseignement véritable pour contenter la femme. 1 Rois 18:40 Saisissez les prophètes de Baal, leur dit Elie ; qu'aucun d'eux n'échappe ! Et ils les saisirent. Elie les fit descendre au torrent de Kison, où il les égorgea. C'est le torrent de ceux qui se courbent, qui tombent dans les pièges tendus sur leur chemin. Ce qui montre bien que ces serviteurs avaient fléchis genoux devant Baal et se sont laissés égarer. Oh notre destination sera déterminée quand les enfers ou le paradis seront ouverts mais pour l'instant beaucoup se retrouvent dans « les lieux de tourments, Kiljon » Luc 16:28 car j'ai cinq frères. C'est pour qu'il leur atteste ces choses, afin qu'ils ne viennent pas aussi dans ce lieu de tourments. Le tourment se traduit par souffrance, persécution, calamité, difficultés (en tous genres). Et il n'est besoin de mourir avant de subir ces effets.
Là à Carmel, Elie commis le peuple à un choix : 1 Rois 18:21 Alors Elie s'approcha de tout le peuple, et dit : Jusqu'à quand clocherez-vous des deux côtés ? Si l'Eternel est Dieu, allez après lui ; si c'est Baal, allez après lui ! Le peuple ne lui répondit rien. Non l'on ne plus pouvait plus sacrifier au sacré et au profane en même temps, l'on ne doit plus suivre deux maîtres. L'on ne peut plus vouloir les choses de l'esprit et s'affectionner aux désirs de la chair. Lui Elie avait été commis pour cette mission : recadrer la femme dans l'Eglise, recadrer l'adoration.

Mais voilà, après cette victoire qui n'était qu'une bataille gagnée, la femme Gézabel se dressa : 1 Rois 19:1 Achab rapporta à Jézabel tout ce qu'avait fait Elie, et comment il avait tué par l'épée tous les prophètes.
1 Rois 19:2 Jézabel envoya un messager à Elie, pour lui dire : Que les dieux me traitent dans toute leur rigueur, si demain, à cette heure, je ne fais de ta vie ce que tu as fait de la vie de chacun d'eux !
1 Rois 19:3 Elie, voyant cela, se leva et s'en alla, pour sauver sa vie. Il arriva à Beer-Schéba, qui appartient à Juda, et il y laissa son serviteur.
Achab s'en alla dire à sa femme « attention, Elie a pris de l'avance sur toi ». L'homme était bien conscient que c'est la femme qui dirigeait le royaume, que la chair dominait sa vie. Et il y souscrivait. Pour Jézabel, la mort d'Elie était sa solution. Cet homme qui enseigne le retour à Dieu, le recours à la Parole devait être éliminé. Elle avait déjà fait tuer tous les serviteurs qui refusaient son enseignement, Elie ne pouvait subsister :
1 Jean 3:12 et ne pas ressembler à Caïn, qui était du malin, et qui tua son frère. Et pourquoi le tua-t-il ? parce que ses œuvres étaient mauvaises, et que celles de son frère étaient justes.
Cela est connu sous nos cieux, ce sont les oranges pourries qui infectent les bonnes oranges. Il est impossible que deux organes de même nature cohabitent paisiblement, le mauvais corrompt le bon. Nous sommes sur une terre vouée à l'extinction parce

que vouée au mal : 2 Pierre 3:10 Le jour du Seigneur viendra comme un voleur ; en ce jour, les cieux passeront avec fracas, les éléments embrasés se dissoudront, et la terre avec les œuvres qu'elle renferme sera consumée. 2 Cor 6:17 C'est pourquoi, Sortez du milieu d'eux, Et séparez-vous, dit le Seigneur ; Ne touchez pas à ce qui est impur, Et je vous accueillerai. Si le méchant n'est pas ôté de notre milieu, c'est lui qui finit par nous souiller tous.

Elie voyant son existence menacée, prit la fuite… 1 Rois 19:4 Pour lui, il alla dans le désert où, après une journée de marche, il s'assit sous un genêt, et demanda la mort, en disant : C'est assez ! Maintenant, Eternel, prends mon âme, car je ne suis pas meilleur que mes pères.

Que fais-tu ici Elie ? L'injonction résonne en mon esprit comme cette autre question : Gen 3:9 Mais l'Eternel Dieu appela l'homme, et lui dit : Où es-tu ?

Elie avait été appelé à faire les œuvres de Dieu. Maintenant dans cette cachette, qu'y fait-il comme œuvre ?

Il y était occupé à la lamentation : 1 Rois 19:4 Pour lui, il alla dans le désert où, après une journée de marche, il s'assit sous un genêt, et demanda la mort, en disant : C'est assez ! Maintenant, Eternel, prends mon âme, car je ne suis pas meilleur que mes pères. Désespéré, il recherchait la voie du suicide. Il professait la mort.

1 Rois 19:9 Et là, il entra dans la caverne, et il y passa la nuit. Et voici, la parole de l'Eternel lui fut adressée, en ces mots : Que fais-tu ici, Elie ?

La pensée qui gouvernait la sorte d'activité qu'il menait en ce lieu n'était plus ce qui lui avait été commandé. La mission : détruire Jézabel ne se poursuivait plus. L'arbre avait perdu des branches et ses soutiens mais le tronc demeurait et l'homme Elie ne voulait plus poursuivre le combat.

Héb 12:4 Vous n'avez pas encore résisté jusqu'au sang, en luttant contre le péché. Notre lutte contre le péché finira quand l'homme de péché aura été éradiqué du milieu des hommes. Tant que le mal sera parmi nous, nous devons prier sans cesse. Nous ne pouvons pas comme certains le font nous prélasser dans un confort au milieu de la boue et des fourmis magnans. La bataille n'était qu'à son début mais l'homme abandonnait.

Que fais-tu ici, Elie ? Vous souvenez-vous de la même question posée à Adam ? Si Elie faisait quelque chose, ce n'était plus ce qui lui avait été commandé. L'homme de feu s'était éteint, il était devenu craintif, apeuré, dépressif. 1 Rois 19:10 Il répondit : J'ai déployé mon zèle pour l'Eternel, le Dieu des armées ; car les enfants d'Israël ont abandonné ton alliance, ils ont renversé tes autels, et ils ont tué par l'épée tes prophètes ; je suis resté, moi seul, et ils cherchent à m'ôter la vie. Héb 12:4 Vous n'avez pas encore résisté jusqu'au sang, en luttant contre le péché. Elie ne voulait pas voir son sang versé sur l'échafaud

« Ils veulent me tuer » et Dieu paraît ne pas le savoir. Les enfants d'Israël ont abandonné ton alliance, ils ont renversé tes autels, ils ont tué tes prophètes » « Je suis resté moi seul, seul fidèle à toi » et tu sembles ne point protéger le seul qui t'es

resté, tu veux me faire tuer par Jézabel. C'est à peu près le discours qu'il tint comme Adam pour justifier sa désobéissance. Il rejetait la faute sur Dieu : Gen 3:12 L'homme répondit : La femme que tu as mise auprès de moi m'a donné de l'arbre, et j'en ai mangé. « Si tu n'avais pas formé la femme, cela ne serait pas arrivé, c'est ta faute ».
Une seconde fois : Que fais-tu ici, Elie ? et l'homme malgré la présentation de Dieu ne changea pas de parole. Il poursuivait dans son reniement : 2 Cor 6:15 Quel accord y a-t-il entre Christ et Bélial ? ou quelle part a le fidèle avec l'infidèle ?
Dieu ne pouvait pas s'engager avec lui Elie et soutenir Jézabel. La cause étant entendue, nous procéderons à des réformes. 1 Rois 19:15 L'Eternel lui dit : Va, reprends ton chemin par le désert jusqu'à Damas ; et quand tu seras arrivé, *tu oindras Hazaël pour roi de Syrie*… 1 Rois 19:16 *Tu oindras aussi Jéhu, fils de Nimschi, pour roi d'Israël* ; et *tu oindras Elisée, fils de Schaphath, d'Abel-Mehola, pour prophète à ta place.*
Trois dernières mission lui furent demandées, dont le but demeurait le même, dtértuire les péchées et l'homme de péché : 1 Rois 19:17 Et il arrivera que celui qui échappera à l'épée de Hazaël, Jéhu le fera mourir ; et celui qui échappera à l'épée de Jéhu, Elisée le fera mourir. Le but demeurait, l'extermination de l'homme de péché. Ce qu'il refusait de faire par crainte pour sa vie font concédé à trois hommes : Hazaël (celui qui voit Dieu), Jéhu (c'est l'Eternel), Elisée (Dieu est sauveur). Ce sont trois hommes en un, c'est le témoignage formation des trois juges témoins. C'est la connaissance de Dieu, le revêtement de son caractère et l'accomplissement de ses œuvres. Pour faire les œuvres de Dieu, il faut le connaître. Elie avait été un homme fougueux plein le zèle mais la méconnaissance de son Dieu, son mandant lui fit rater le but.
2 Rois 9:6 Jéhu se leva et entra dans la maison, et le jeune homme répandit l'huile sur sa tête, en lui disant : Ainsi parle l'Eternel, le Dieu d'Israël : Je t'oins roi d'Israël, du peuple de l'Eternel. 2 Rois 9:7 Tu frapperas la maison d'Achab, ton maître, et je vengerai sur Jézabel le sang de mes serviteurs les prophètes et le sang de tous les serviteurs de l'Eternel. 2 Rois 9:8 Toute la maison d'Achab périra ; j'exterminerai quiconque appartient à Achab, celui qui est esclave et celui qui est libre en Israël,

Comme nous le lisons la mission d'Elie fut complétée par les trois autres, lui-même fut remplacé : *tu oindras Elisée, fils de Schaphath, d'Abel-Mehola, pour prophète à ta place.*
Le prophète est celui qui est appelé à faire les œuvres de Dieu. Il me fit dire un jour : au lieu de songer à te reposer à entrer dans le repos, fais l'œuvre de Dieu, prie pour mes enfants, sert Dieu. Pas de repos pour le prophète tant que Dieu ne l'a pas rappelé à lui.
Connais ton Dieu pour mieux le servir !

SAUL DECHU...

Il se nommait Saül, il fut demandé à Dieu, Benjamite, fils de Kis, et le 1er roi d'Israël. 1 Sam 10:23 On courut le tirer de là, et il se présenta au milieu du peuple. Il les dépassait tous de la tête. Saül fut une tête au-dessus des têtes.
Après le Beth, le Kaph, nous avons maintenant le Resh, un autre contenant qui figure la pensée. La Parole qui rapporte son histoire, c'est le Yod, la main tendue de Dieu. C'est tout le conseil de Dieu, son assistance pour qu'une mission soit bien remplie. Esaïe 1:19 Si vous avez de la bonne volonté et si vous êtes dociles, Vous mangerez les meilleures productions du pays ;
Le Yod c'est la loi de Dieu, toutes ses ordonnances et ses commandements qu'il nous invite à pratiquer. Le Yod, c'est le mode d'emploi de notre vie, comme un constructeur vous donnera le mode d'emploi de la voiture que vous avez achetée.

Docilité rime avec imbécilité... les deux notions se réfèrent à la tête, à la capacité d'obéissance inhérente à un homme, à l'intelligence qui doit courir la vie d'un homme. Un fils qui se veut fils de son père doit... Jean 5:19 Jésus reprit donc la parole, et leur dit : En vérité, en vérité, je vous le dis, le Fils ne peut rien faire de lui-même, il ne fait que ce qu'il voit faire au Père ; et tout ce que le Père fait, le Fils aussi le fait pareillement.
De par son aïeul, Saul était prédestiné à la réussite, il était le fils de la félicité, le fils de la victoire. Sa royauté se déroule sous de bons augures. C'est ainsi qu'à tous Dieu nous adresse l'appel. Nous avons été appelés à la victoire à la réussite totale. Et nous savons que notre rédempteur à payer le prix fort pour notre prospérité à tous égards, parce que nous sommes aimés de Dieu des fils de sa félicité : 3 Jean 1:2 Bien-aimé, je souhaite que tu prospères à tous égards et sois en bonne santé, comme prospère l'état de ton âme.
Nous dirons que tant que nous souscrivons à toute la Parole de Dieu, notre succès est aussi assuré. Nous connaissons alors la pensée de Dieu pour l'honorer à tous égards. 1 Samuel 10:1 Samuel prit une fiole d'huile, qu'il répandit sur la tête de Saül. Il le baisa, et dit : L'Eternel ne t'a-t-il pas oint pour que tu sois le chef de son héritage ?

Pourquoi donc Saül fut-il déchu ?
1 Samuel 13:8 Il attendit sept jours, selon le terme fixé par Samuel. Mais Samuel n'arrivait pas à Guilgal, et le peuple se dispersait loin de Saül.

La provocation du fils. L'armée régulière de Saül comptait 3000 soldats. 2000 hommes étaient avec lui et 1000 avec son fils Jonathan. Sans déclaration de guerre, Jonathan se permit d'attaquer un poste philistin. 1 Samuel 13:4 Tout Israël entendit que l'on disait: Saül a battu le poste des Philistins, et Israël se rend odieux aux Philistins. Et le peuple fut convoqué auprès de Saül à Guilgal. Ce fut une odeur de

méchanceté qui fut répandue. Cet écart du fils ne fut point sanctionné mais plutôt encouragé. Saül ne présenta pas d'excuses officielles aux philistins mais se prépara plutôt à la guerre. Ce fut une décision précipitée. 1 Samuel 2:29 Pourquoi foulez-vous aux pieds mes sacrifices et mes offrandes, que j'ai ordonné de faire dans ma demeure ? *Et d'où vient que tu honores tes fils plus que moi,* afin de vous engraisser des prémices de toutes les offrandes d'Israël, mon peuple ?
Luc 14:31 Ou quel roi, s'il va faire la guerre à un autre roi, ne s'assied d'abord pour examiner s'il peut, avec dix mille hommes, marcher à la rencontre de celui qui vient l'attaquer avec vingt mille ?
Luc 14:32 S'il ne le peut, tandis que cet autre roi est encore loin, il lui envoie une ambassade pour demander la paix.
L'humiliation est aussi une stratégie de victoire.

1 Samuel 13:5 Les Philistins s'assemblèrent pour combattre Israël. Ils avaient mille chars et six mille cavaliers, et ce peuple était innombrable comme le sable qui est sur le bord de la mer. Ils vinrent camper à Micmasch, à l'orient de Beth-Aven. Le rapport des forces tournait visiblement à l'avantage des philistins. L'armée et le peuple de Saül furent saisis de terreur. La désertion se faisait sentir et l'exil du peuple débuta. 1 Sam 13:6 Les hommes d'Israël se virent à l'extrémité, car ils étaient serrés de près, et ils se cachèrent dans les cavernes, dans les buissons, dans les rochers, dans les tours et dans les citernes. C'est cela que provoque notre péché et l'absence de repentir. Nous nous embarquons dans des souffrances inutiles, nous tombons dans le tourment.

L'impatience de Saül. En ces temps-là, le peuple de ne pouvait s'engager dans une guerre sans l'Eternel. Et Saül fit bien de consulter l'Eternel. Avec Dieu le peuple ne combattait pas, le soldat se présentait seulement sur le champ de guerre et Dieu combattait pour eux : Néh 4:20 Au son de la trompette, rassemblez-vous auprès de nous, vers le lieu d'où vous l'entendrez ; notre Dieu combattra pour nous. Aussi était-il important de réclamer sa présence au travers des holocaustes. Seulement il y avait un interdit : seul le sacrificateur officiait le moment, le roi dans toute son autorité ne pouvait le faire.
Un autre dira aussi vous ne pouvez pas prendre une femme dans la main d'une autre femme, un homme de la famille eu-t-il 5 ans devait officier. Il y a des lois qu'il ne faut pas enfreindre, ce sont des gages du succès. Es 1:19 Si vous avez de la bonne volonté et si vous êtes dociles, Vous mangerez les meilleures productions du pays ;

Et l'officiant Samuel tardait à venir. Le peuple s'impatientait et Saül aussi. 7 jours après vaincu par l'impatience ou son esprit aigri par la défection du peuple, il viola l'interdit. Une autre voix le poussa à la révolte. Nous appelons cela, la voix de la femme ou de la chair.

1 Sam 13:9 Alors Saül dit : Amenez-moi l'holocauste et les sacrifices d'actions de grâces. Et il offrit l'holocauste. Ce sont des actions pour contenter un peuple et non Dieu.
Ce sont des décisions que nous prenons pour sauvegarder des prestiges. Nous flouons la loi de Dieu parce que nous voulons contenter un groupe qui semble faire notre fortune. Nous admettons volontiers « un nouveau converti dans le sacerdoce » parce qu'il nous couvre d'or. Contre la Parole nous admettons l'enseignement de la femme dans nos assemblées parce que c'est la réforme de notre base doctrinale et les femmes forment le gros de notre troupeau. Nous nous éviterons alors « l'aigreur de notre esprit » quitte à mettre Dieu en colère. C'est un choix mortel.
Alors vint la terrible interrogation : 1 Samuel 13:11 Samuel dit : Qu'as-tu fait ? Saül répondit : Lorsque j'ai vu que le peuple se dispersait loin de moi, que tu n'arrivais pas au terme fixé, et que les Philistins étaient assemblés à Micmasch,
Adam, où es-tu ? Elie que fais-tu là ? Saül qu'as-tu fait ?

Nous découvrons que dans ces trois cas, c'est en un le lieu de résidence qui est en cause, en deux, c'est l'être, l'âme de l'homme qui est en souffrance et en trois, c'est le Resh, le troisième contenant qui est indexé.
Nous veillerons alors à garder dans la sainteté le corps temple de Dieu, à revêtir tout le caractère de Jésus et à faire les œuvres en nous conforment au modèle tracé. Dans le corps du Seigneur personne ne fait ce qui lui semble bon : Eph 2:10 Car nous sommes son ouvrage, ayant été créés en Jésus-Christ pour de bonnes œuvres, que Dieu a préparées d'avance, afin que nous les pratiquions.
Si nous tenons à faire les œuvres de Dieu, revêtir le caractère de Jésus est une étape urgente.

La sentence de Dieu. 1 Sam 13:13 Samuel dit à Saül : Tu as agi en insensé, tu n'as pas observé le commandement que l'Eternel, ton Dieu, t'avait donné. L'Eternel aurait affermi pour toujours ton règne sur Israël ;
Agir en insensé, c'est écouter la voix de la femme. Job 2:10 Mais Job lui répondit : *Tu parles comme une femme insensée.* Quoi ! nous recevons de Dieu le bien, et nous ne recevrions pas aussi le mal ! ***En tout cela Job ne pécha point par ses lèvres.***
« L'insensé dit en son cœur il n'y a point de Dieu », nous l'avons souligné, il croit en l'existence de Dieu, mais c'est plutôt le commandement qu'il ne voudrait pas mettre en pratique. L'insensé, c'est celui qui mène son existence en ne se conformant pas aux préceptes divins.
1 Samuel 13:14 et maintenant ton règne ne durera point. L'Eternel s'est choisi un homme selon son cœur, et l'Eternel l'a destiné à être le chef de son peuple, parce que tu n'as pas observé ce que l'Eternel t'avait commandé.
Lorsque Saül refit la revue des troupes, il se retrouva avec 600 hommes. 1 Samuel 13:15 Puis Samuel se leva, et monta de Guilgal à Guibea de Benjamin. Saül fit la revue du peuple qui se trouvait avec lui : il y avait environ six cents hommes. 6 c'est

l'homme non parvenu à la certification. L'homme n'ayant pas subi la transformation par le renouvellement de son intelligence. C'est l'homme n'ayant pas passé avec succès l'étape du Resh. Il n'a pas épousé la pensée de Dieu : Marc 14:36 Il disait : Abba, Père, toutes choses te sont possibles, éloigne de moi cette coupe ! Toutefois, non pas ce que je veux, mais ce que tu veux.

Trois domaines du pays furent ravagés par les philistins, ce sont trois domaines de notre vie qui sont assujettis par nos ennemis à cause de la non application de la Parole :
1 Samuel 13:17 Il sortit du camp des Philistins trois corps pour ravager : l'un prit le chemin d'Ophra, vers le pays de Schual ;...
Les philistins représentent ce que nous nommons « les esprits impurs » ou les démons. Ils prennent le chemin « des biches ». C'est le chemin de l'approvisionnement de notre maison. La maison ou le corps est notre premier contenant, notre Beth, c'est non seulement notre lieu de repos mais aussi le lieu de nos accouplements et de nos enfantements. La biche ou le bélier évoque les piliers, les vaillants encadrements du temple. La biche est notre nourriture, notre sacrifice et notre couverture de peau. Tous les actes concernant la biche sont vus dans le parvis ou le corps. Notre désobéissance à la parole nous conduit alors à perdre ce qui fait notre magnificence, nous perdons de l'éclat et de la sécurité. Dès lors nous sommes perçus comme une femme adultère qui s'est laissée dépouiller de ses ornements. Nous sommes frappés par des maladies destructrices.
Cant 8:14 Fuis, mon bien-aimé ! Sois semblable à la gazelle ou au faon des biches, Sur les montagnes des aromates !
La femme adultère... Nom 5:27 Quand il aura fait boire les eaux, il arrivera, si elle s'est souillée et a été infidèle à son mari, que les eaux qui apportent la malédiction entreront en elle pour produire l'amertume ; son ventre s'enflera, sa cuisse se desséchera, et cette femme sera en malédiction au milieu de son peuple.
Cet enflure n'est point une grossesse mais la survenue de fibrome, de la marque de la stérilité.
La prise du chemin d'Ophra fait noter la réduction en poussière de notre corps. Nous ne pouvons enfanter, nous ne pouvons réussir dans notre entreprise. La désobéissance fait tomber en poussière les portes sécurisantes de notre corps et nous sommes livrés au régal de nos prédateurs. Notre force nous abandonne, notre vaillance se tient loin de nous. C'est la victoire sur nos ennemis que nous ne pouvons plus avoir.
L'on note qu'Ophra fut le lieu de naissance de Gédéon, ce vaillant héros qui combattit Madian et délivra son peuple du joug ennemi.

1 Sam 13:18 l'autre prit le chemin de Beth-Horon ;...
Beth-Horon « maison de la fausseté » traduit ce que nous devenons en notre âme ou en notre cœur. La faux, la tromperie, la trahison s'y installe. La désobéissance nous

conduit à emprunter les montagnes russes. Un jour nous voilà comme sécurisé, le jour suivant nous sommes dans la vallée de l'ombre de la mort et notre âme est en peine. Nous n'avons plus de certitude pour avancer, notre espérance s'enfuit loin de nous, nous désespérons.
C'est une maison ou la femme n'est pas établi parce que privé d'enfant. Elle n'aura même pas la consolation d'avoir un fils par l'entremise d'une concubine. Ge 30:3 Elle dit : Voici ma servante Bilha ; va vers elle ; qu'elle enfante sur mes genoux, et que par elle j'aie aussi des fils.
Le fils nourrit l'espoir du salut de la femme : 1 Tim 2:15 Elle sera néanmoins sauvée en devenant mère, si elle persévère avec modestie dans la foi, dans la charité, et dans la sainteté.
Ps 12:2 On se dit des faussetés les uns aux autres, On a sur les lèvres des choses flatteuses, On parle avec un cœur double.
Lorsqu'on est harponné par ces démons, la vérité n'est point notre partage. L'autre dira que nous avons la langue fourche.
Notre âme est l'homme intérieur et notre esprit l'homme tout à fait intérieur. Les actions d'un cœur double proviennent de notre âme. C'est notre volonté, notre intelligence et nos émotions qui sont traînés dans la fausseté. Notre détermination est floué, notre oui n'est pas ferment établi. L'on ne peut nous faire confiance, ni les hommes ni Dieu.
La voie des raccourcis, voilà notre salut. Mais celui qui ne voudra pas faire les choses selon la loi, creusera des tunnels ou des terriers ou des tombeaux. Les chemins de la vie sont tous tracés dans la parole de Dieu et c'est notre obéissance qui permet de les parcourir : Esaïe 35:8 Il y aura là un chemin frayé, une route, Qu'on appellera la voie sainte ; Nul impur n'y passera ; elle sera pour eux seuls ; Ceux qui la suivront, même les insensés, ne pourront s'égarer.

Et le troisième prit le chemin de la frontière qui regarde la vallée de Tseboïm, du côté du désert… la frontière souligne nos limites, jusqu'où peut s'étendre notre juridiction. Jusqu'où peut s'étendre notre autorité. Il souligne les activités de notre esprit, de l'homme tout à fait intérieur.
Luc 10:19 Voici, je vous ai donné le pouvoir de marcher sur les serpents et les scorpions, et sur toute la puissance de l'ennemi ; et rien ne pourra vous nuire. Nous ne pouvons faire cela que sous la conduite de Saint-Esprit. C'est lui notre élément puissance.
Mais nous connaissons l'épisode d'Aï, une petite troupe vaincue après la glorieuse victoire sur Jéricho. Aï était un tas de ruine parce qu'investi par le mal, elle était déjà jugé et la prise de la ville n'était que pure formalité. Josué 7:3 Ils revinrent auprès de Josué, et lui dirent : Il est inutile de faire marcher tout le peuple ; deux ou trois mille hommes suffiront pour battre Aï ; ne donne pas cette fatigue à tout le peuple, car ils sont en petit nombre. Aî ce sont les choses de notre possession que Dieu nous donné d'avance. Ces choses sont à nous, notre travail, notre maison, nos enfants,

notre succès ou prospérité, mais c'est un territoire à conquérir, des choses que nous devons fouler de nos pieds. Cependant… Josué 7:4 Trois mille hommes environ se mirent en marche, mais ils prirent la fuite devant les gens d'Aï.
La déconfiture provient d'un fait :
Josué 7:10 L'Eternel dit à Josué : Lève-toi ! Pourquoi restes-tu ainsi couché sur ton visage ?
Nous avons là un autre questionnement de Dieu. Mais celui-là n'est pas pour la disqualification. Il nous renvoie plutôt à un examen de conscience : Ecclésiaste 7:14 Au jour du bonheur, sois heureux, et *au jour du malheur, réfléchis* : Dieu a fait l'un comme l'autre, afin que l'homme ne découvre en rien ce qui sera après lui. Là encore les lamentations, les apitoiements ne sont pas la solution. C'est dans la méditation, dans la réflexion, dans la repentance que se trouve la solution, c'est là que Dieu envoie la révélation. Josué 7:11 Israël a péché ; ils ont transgressé mon alliance que je leur ai prescrite, ils ont pris des choses dévouées par interdit, ils les ont dérobées et ont dissimulé, et ils les ont cachées parmi leurs bagages.
La mésaventure d'Aï est provoquée par la désobéissance. En prenant le chemin de la frontière, l'ennemi coupe la source d'approvisionnement divine, le secours de l'Esprit de Dieu. Si Dieu ne marche avec nous ou si nous ne marchons pas selon Saint-Esprit, nous courons à la défaite. Les choses même qui nous sont promises nous passerons sous le nez.
C'est pourquoi : Eph 4:30 N'attristez pas le Saint-Esprit de Dieu, par lequel vous avez été scellés pour le jour de la rédemption. 1 Thes 5:19 ***N'éteignez pas l'Esprit.***
Nous reprenons volontiers la mésaventure de Samson, après qu'il eut éventé son secret à cause de la femme, pour avoir écouté la voix de la femme… Juges 16:20 Elle dit alors : Les Philistins sont sur toi, Samson ! Et il se réveilla de son sommeil, et dit : Je m'en tirerai comme les autres fois, et je me dégagerai. Il ne savait pas que l'Eternel s'était retiré de lui. Les philistins avaient pris le chemin de la frontière.
Nous perdons notre héritage à cause de notre non application de la parole. Tu n'arrives pas à te marier parce que tu veux faire comme tout le monde, tu ne sais pas écouter la voix qui t'indique la route à suivre, tu veux marcher selon tes pensées ou la coutume de ta nation. Tu n'entreras pas alors dans ton héritage.
Jér 12:9 Mon héritage a été pour moi un oiseau de proie, une hyène ; Aussi les oiseaux de proie viendront de tous côtés contre lui. Allez, rassemblez tous les animaux des champs, Faites-les venir pour qu'ils le dévorent !
Les hyènes ce sont ces carnassiers colorés, tachetés, ces couleurs arc-en-ciel vous font croire que vous êtes sur la bonne voie et vous les suivrez pour vous faire dépouiller. « Tout flatteur vit aux dépens de celui qui l'écoute » qu'il disait. Nous parlerons des arnaque spirituels, ces oiseaux de proie qui vous piqueront votre manger, les bénéfices de vos libéralités parce que vous n'avez pas su les chasser.
Ces petits riens que nous tolérons nous font perdre beaucoup : Ecc 10:1 Les mouches mortes infectent et font fermenter l'huile du parfumeur ; un peu de folie l'emporte sur la sagesse et sur la gloire.

L'absence de rigueur, le refus de traiter durement son corps, la complaisance dans le commandement a perdu Saül, il fut disqualifié et la royauté passa à un autre.

SALOMON EFFRITE SON HERITAGE

1 Rois 11:35 Mais j'ôterai le royaume de la main de son fils, et je t'en donnerai dix tribus ;

Il avait reçu en héritage douze tribus à la mort de David son père. Et Dieu venait de prendre une décision : le royaume sera partagé, il n'en gardera que deux tribus. La nation venait d'être scindée en deux, d'une part nous avons les dix tribus du nord formant Israël, de l'autre les deux tribus du sud formant Juda.

Comment en est-on arrivé là ? Salomon qui avait régné 40 ans, était un roi d'une sagesse non méprisable. Nous notons une royauté riche en or et en argent et surtout un millier de femmes pour le roi : 1 Rois 11:1 Le roi Salomon aima beaucoup de femmes étrangères, outre la fille de Pharaon : des Moabites, des Ammonites, des Edomites, des Sidoniennes, des Héthiennes,

Il enfreignait ouvertement le commandement : 1 Rois 11:2 appartenant aux nations dont l'Eternel avait dit aux enfants d'Israël : Vous n'irez point chez elles, et elles ne viendront point chez vous ; elles tourneraient certainement vos cœurs du côté de leurs dieux. Ce fut à ces nations que s'attacha Salomon, entraîné par l'amour.

1 Rois 11:3 Il eut sept cents princesses pour femmes et trois cents concubines ; et ses femmes détournèrent son cœur.

Ce roi nous a laissé des écrits forts : le livre des proverbes, l'ecclésiaste, le cantique des cantiques. Et sa grande sagesse surpassait plus d'un.

La grande sagesse de Salomon ne l'a pas épargné de la chute disqualifiante. Et cependant tous, il nous est recommandé de demandé la sagesse de Dieu pour bien compter nos jours. 1 Rois 11:4 A l'époque de la vieillesse de Salomon, ses femmes inclinèrent son cœur vers d'autres dieux ; et son cœur ne fut point tout entier à l'Eternel, son Dieu, comme l'avait été le cœur de David, son père.

Devenu vieux, il écouta religieusement la voie de la femme et se détourna de Dieu.

La Parole qui nous rapporte sa déconfiture, c'est el Kaph, la paume de la main ou la prise en main de notre vie. La grande onction de Salomon ne l'a pas aidé parce qu'il lui a manqué un aspect précis : Esaïe 53:11 A cause du travail de son âme, il rassasiera ses regards ; Par sa connaissance mon serviteur juste justifiera beaucoup d'hommes, Et il se chargera de leurs iniquités.

Le « travail de l'âme » est une éducation qui touche le contenu de notre âme : notre volonté, notre intelligence et nos émotions. Prov 31:30 La grâce est trompeuse, et la beauté est vaine ; La femme qui craint l'Eternel est celle qui sera louée.

C'est la volonté qui s'emploie à craindre Dieu et à l'honorer qui obtiendra la prééminence. C'est l'aspect : 1 Cor 9:27 Mais je traite durement mon corps et je le tiens assujetti, de peur d'être moi-même rejeté, après avoir prêché aux autres. C'est le « non pas ce que je veux, mais ce que tu veux ». Malgré toute l'onction qu'un

homme peut avoir, il songera en premier à rendre gloire à Dieu et à s'attacher fermement sa parole. Il ne devra surtout pas permettre à sa chair de prendre le pas sur les choses de l'Esprit.
Nous avons connu des hommes consacrés et qui sur la fin se sont détourné du commandement et leur fin fut triste. Jac 3:2 Nous bronchons tous de plusieurs manières. Si quelqu'un ne bronche point en paroles, c'est un homme parfait, capable de tenir tout son corps en bride.
Brider le corps, le tenir assujetti, ne pas obéir à ses pulsions, c'est le travail de l'âme. L'âme… Ps 25:1 De David. Eternel ! j'élève à toi mon âme. Le principe de vie. Les anciens philosophes admettaient une âme raisonnable, qui présidait aux fonctions de l'intelligence ; une âme sensitive, qui présidait aux sensations ; et une âme végétative, qui présidait à la nutrition.
Le principe immatériel de la vie, l'âme après la mort, le corps retourne à la poussière, l'esprit revient à Dieu mais notre âme est tenue dans un lieu attendant son jugement. Ce n'est qu'après cela que l'âme est jetée soit dans les tourments de l'enfer ou reçue auprès de Dieu. Apo 6:9 Quand il ouvrit le cinquième sceau, je vis sous l'autel les âmes de ceux qui avaient été immolés à cause de la parole de Dieu et à cause du témoignage qu'ils avaient rendu. .
« Donner son âme au diable », faire un pacte avec le diable à qui l'on abandonne son âme pour des avantages terrestres. On croyait que les sorciers donnaient leur âme à Satan, et recevaient en échange une puissance surnaturelle.
Notre âme est la partie de nous qui est nous-même. Selon notre inclinaison notre âme fait ou les œuvres de Dieu ou les œuvres du diable et en est rétribué selon notre vouloir. Notre âme peut alors connaître ou la joie ou les afflictions.
Être comme un corps sans âme, c'est être abattu, sans volonté, sans résolution. Notre âme est le centre nerveux de nos résolutions. Elle est le siège de l'ensemble des facultés morales et intellectuelles. L'aliment de l'âme, c'est la vérité et la justice. Ce qui souille l'âme, c'est le mensonge et la fausseté. Une est âme bien née, noble, élevée à la recherche de ce qui est vertueux, une âme généreuse et que la vertu guide, ou c'est une âme basse, corrompue conduisant le corps à se vautrer dans le mal. Les yeux sont le miroir de l'âme. L'âme humaine peut tout se représenter par la pensée. Avoir de l'âme, c'est avoir un cœur noble, sensible et généreux. Être tout âme, être doué d'une excessive sensibilité. Particulièrement en parlant des relations amoureuses, une âme ailleurs éprise peut conduire un homme dans des excès, une personne, homme, femme ou enfant. On dit d'un homme qui est l'aveugle instrument des volontés d'un autre, quand en soi-même on les condamne comme immorales ou criminelles : c'est son âme damnée. Se dit aussi de celui qui est envoûté.
Âme faible, cœur faible, esprit faible. Comme âme est plus compréhensif que cœur et esprit, l'âme faible désigne une personne en qui tout est faible ; elle est sans ressort et sans vigueur. Le cœur faible est, suivant les deux acceptions du mot cœur, ou trop tendre, trop facile à toucher, à séduire, ou pusillanime et facile à décourager,

à effrayer. Un esprit faible est incapable d'examen, crédule et inhabile à sentir la vérité et la raison.

La parole parle de restauration de l'âme : Ps 19:7 La loi de l'Eternel est parfaite, elle restaure l'âme ; Le témoignage de l'Eternel est véritable, il rend sage l'ignorant. L'âme est alors un sujet dégradé qu'il faut reconstruire. Restaurer, revenir, rétablir en l'étal initial par des travaux de terrassement et d'embellissement. Dans l'habillage de Christ, c'est notre âme qui est soignée et reconstruite afin qu'en tout nous puissions revêtir tout le caractère d'âme de Jésus.
Gal 4:19 Mes enfants, pour qui j'éprouve de nouveau les douleurs de l'enfantement, jusqu'à ce que Christ soit formé en vous,

INSENSES GALATES

Galates le livre du Dalet, nous invite à y jeter un autre œil, pour bien comprendre le processus de la restauration de notre âme sans quoi nous partons à la dérive. Galates, c'est l'invitation à entrer par une porte : Mat 7:14 Mais étroite est la porte, resserré le chemin qui mènent à la vie, et il y en a peu qui les trouvent.

Gal 1:1 Paul, apôtre, …. et tous les frères qui sont avec moi, aux Eglises de la Galatie:... que la grâce et la paix vous soient données de la part de Dieu le Père et de notre Seigneur Jésus-Christ,…
Les besoins de ceux de Galatie sont ainsi exprimés. Ils ont besoins de la visite de la Grâce et de la paix. La grâce de Dieu synonyme de bienveillance, d'amabilité de bienfait, la grâce est un pédagogue, Tite 2:12 Elle nous enseigne à renoncer à l'impiété et aux convoitises mondaines, et à vivre dans le siècle présent selon la sagesse, la justice et la piété, C'est notre âme que la grâce éduque ainsi en lui montrant les choses auxquelles elle doit s'attacher.
La Paix est un sentiment, elle souligne notre accompli en tant qu'être créé. Nous sommes alors dans une alliance de paix et rien ne saurait nous troubler ou nous détourner de notre quête.
Ce sont des sanctifiés mis hors de Rome. Des gens qu'il fallut marquer par les arrhes de l'Esprit et leur souligner que malgré « les horreurs du moment », Le Dieu de miséricorde était à l'œuvre.
Nous « sommes des Sanctifiés appelés à être saint » et l'équation est pénible pour les sages de ce monde. Alors nous avons admis « la folie » de Dieu qui joue avec les choses viles pour confondre les sages.
Nous avons du mal à comprendre que la sanctification est un état : Dieu est saint… alors « nous serons saints ». et c'est notre âme qui doit se tenir dans la sainteté. Heureusement l'auxiliaire se projette sur le futur pour nous, mais pour l'heure nous sommes sur une base sainte, c'est une déclaration divine. C'est un décret de vie. L'autre dira : 1 Jean 3:2 Bien-aimés, ***nous sommes maintenant enfants de Dieu,*** et ce que nous serons n'a pas encore été manifesté ; mais nous savons que, lorsque cela sera manifesté, nous serons semblables à lui, parce que nous le verrons tel qu'il est.

Oh nous avons aussi du mal : « des hommes vils, d'une qualité pareille, sont capables de miracles et de prodiges ». La manifestation de l'onction au travers d'hommes vils, paraît hors sens. Et nous devons l'admettre, l'onction est trompeuse, elle ne modifie pas notre caractère.
Mais voilà ceux qui ont accepté le principe de la foi, sont arrivés en Galatie, occupation romaine. Là il y a les vestiges Rome.

Les Phrygiens y adoraient « les forces de la nature ». Les Juifs pratiquaient le judaïsme, Moïse et ses lois incomprises sans succès pour la restauration de leur âme. Les Galates furent notés pour leur « impétuosité, leur versatilité, leur curiosité et la recherche de la nouveauté ». C'est l'état de leur âme qui est en cause. Eux aussi comme au temps d'Elie et d'Achab tanguait poussés dans tous les sens par les vents. Au total l'environnement au milieu duquel doit s'exercer la foi… semble miné.
Comment donc naviguer sur tous ces eaux sans sombrer ?
1 Jean 4:4 Vous, petits enfants, vous êtes de Dieu, et vous les avez vaincus, parce que celui qui est en vous est plus grand que celui qui est dans le monde.
1 Jean 4:5 Eux, ils sont du monde ; c'est pourquoi ils parlent d'après le monde, et le monde les écoute.
Nous voilà en opposition aux « rudiments du monde » ; le monde et les choses qui sont dans le monde... Notre lutte monte d'un cran, le monde extérieur s'en prend à nous.

Comprenons Mieux. La lettre aux Galates, le salut par la Grâce… est en accord avec… Les Nombres… le livre de la Loi.
C'est à Sinaï ou Corinthe… que nous avons reçu des lois et…les ordonnances lévitiques. Sur le mariage… les dons spirituels, l'unité dans l'Eglise de Dieu.
Nombres…c'est « les pérégrinations dans le désert ». C'est la réalité, la mise à l'épreuve directe de notre moi « appelé à être saint », « appelé à la restauration »
Nombres…, c'est une troupe de soldats bien dénombrée, qui part aux fourneaux. Ce sont les armées de Dieu mobilisées pour une traversée. Chacun doit être sûr que son bardas est bien cerné, ce sont les acquis du mont Sinaï : Notre connaissance de la loi nouvelle qui nous régit. Nous marchons en sachant la volonté divine révélée.
Nombres… ce sont les années d'errance dans le désert avant l'enlèvement. Là je découvre combien moi et ma maison, nous avons besoin de restauration.
Sorti d'Egypte, révélation à Sinaï, marche en direction du pays promis, les yeux fixés sur le tabernacle de Dieu qui imprimait la cadence. La colonne de feu et la nuée, étaient leur quotidien.

Nombres… c'est Balaam… Ap 2:14 Mais j'ai quelque chose contre toi, c'est que tu as là des gens attachés à la doctrine de Balaam, qui enseignait à Balak à mettre une pierre d'achoppement devant les fils d'Israël, pour qu'ils mangeassent des viandes sacrifiées aux idoles et qu'ils se livrassent à l'impudicité.

C'est le drame de Pergame : les alliances contre nature, la philosophie religieuse de ceux qui n'ont pas l'esprit.
Attention à ne pas se laisser happer ou phagocyter !

Ezéchiel… le prophète commente cette loi, cette mise en garde. Ezéchiel, sacrificateur était des déportés à Babylone. Quelle sera sa tenue en pleine Galatie ? D'entrée, il souligne trois faits : la Parole qui l'instruisait, l'Esprit qui le fortifiait et la Main de Dieu qui était sur lui. Il ne se mêlait pas de philosophie ambiante. Il était à l'écoute de « la nuée et de la colonne de feu » qui imprimait sa marche là dans ce monde babylonien. Là au bord du fleuve Chaldéen, Dieu était avec lui : Emmanuel. Ezéchiel était en exil, loin du temple. Au milieu de l'idolâtrie et du faste babylonien. Et Dieu lui accorda la vision des choses passées et des choses à venir.
La voix de Dieu parle avec autorité au-dessus de la confusion des plans humains.
La traversée du désert ou la marche en attendant l'enlèvement est une école de Dieu.
Esaïe 48:17 Ainsi parle l'Eternel, ton rédempteur, le Saint d'Israël : Moi, l'Eternel, ton Dieu, je t'instruis pour ton bien, Je te conduis dans la voie que tu dois suivre.

Il reste important de retenir que notre déportation aux milieux des nations païennes est pour leur jugement et l'avènement de la gloire de Dieu. Mais aussi pour révéler notre tréfonds, l'état de notre âme.
Deut 9:4 Lorsque l'Eternel, ton Dieu, les chassera devant toi, ne dis pas en ton cœur : C'est à cause de ma justice que l'Eternel me fait entrer en possession de ce pays. Car c'est à cause de la méchanceté de ces nations que l'Eternel les chasse devant toi.
Quand l'onction de Dieu est à l'œuvre, ce n'est pas notre justice qui remporte la victoire parce que notre âme connaît ses incorrigibilités. Ma maison a besoin de restauration et l'impureté est au fond de mon cœur cela j'en ai la révélation chaque jour. Paul conscient de « l'écharde dans son corps » suppliait le seigneur de l'en délivrer. Mais il lui répondit : ma grâce te suffit.
Ces trois livres ont pour tuteur rédempteur la Parole… Dalet… elle indique la porte. « Je suis la porte » on y entre et en y sort. Elle caractérise la grande liberté de celui qui la trouve dans cette marche. Dalet est surtout la première porte vers la grande liberté :
1 Rois 6:8 L'entrée des chambres de l'étage inférieur était au côté droit de la maison ; on montait à l'étage du milieu par un escalier tournant, et de l'étage du milieu au troisième.

Lorsque s'ouvre la porte, chaque porte, la lumière se projette de loin. Vous avez une Révélation, un appel à avancer plus haut.
L'étape 3 de notre pèlerinage est d'importance. Trouvez la Porte !
Vous aurez besoin de trois clés et chaque clé comporte trois textures différentes : la Loi, les Prophètes et les Epîtres.

Gal 3:1 O Galates, dépourvus de sens ! « qui vous a ensorcelés », vous, aux yeux de qui Jésus-Christ a été peint comme crucifié ?
Vous nous suivez depuis Rome. Tout au long de notre marche vers le Beth promis, notre connaissance de Dieu se renforce. C'est le but du chemin que de nous conduire d'étapes en étapes : Nom 33:10 Ils partirent d'Elim, et campèrent près de la mer Rouge.
Chaque étape souligne le renforcement des liens, de la communion avec Dieu, notre grandissement dans le Seigneur. Chaque étape est un bagage engrangé, une découverte de Dieu et de nous-même.
Et nous faisons bien de noter qu'à chaque « étape » certains abandonnent… et « qu'un faible reste poursuit la route ». Ce sont des vainqueurs… pour le moment.

Puis « Le reste… » Qui parvint en Galatie… fut vite confronté aux courants religieux ambiants. Et certains furent happés par « les sciences chrétiennes ». Le déni de la véracité des Ecrits qui seraient un plagiat de la sagesse Sumérienne… Oh… Galates souligne « la Porte » d'un lieu d'embarquement. Et il y a des commerçants. Des vendeurs d'illusions tapis dans la pénombre.
Gal 1:7 Non pas qu'il y ait un autre Evangile, ***mais il y a des gens qui vous troublent, et qui veulent renverser l'Evangile de Christ.***
Suivez notre illustration de l'esprit régnant en Galatie.
… 2 Tim 3:11 …mes persécutions, mes souffrances. A quelles souffrances n'ai-je pas été exposé à Antioche, à Icone, à Lystre ? Quelles persécutions (vexations, humiliations…) n'ai-je pas supportées ? Et le Seigneur m'a délivré de toutes.
Pour bien comprendre la Galatie, visitons quelques villes.
A Icone… « Ces petits Christs » étaient rabroués rabaissés, de piètres philosophes selon le monde. Des ignorants. Il y avait des discuteurs… Tite 1:10 Il y a, en effet, surtout parmi les circoncis, beaucoup de gens rebelles, de vains discoureurs et de séducteurs,
Il y a des débats qui vous rendront stériles s'ils réveillaient votre vanité… ils savent la prescription mais tiennent à vous en détourner. Sur le voile, la dîme,… le mariage.
Gal 4:9 mais à présent que vous avez connu Dieu, ou plutôt que vous avez été connus de Dieu, comment retournez-vous à ces faibles et pauvres rudiments, auxquels de nouveau vous voulez vous asservir encore ?
Nous avons été appelé à « Obéir à la Parole » pas à la discuter. Rayez-les de vos amitiés. Ne vous éloignez pas de la Grâce de Dieu. N'offensez pas Dieu. Ne vous exposez pas à la disqualification !

A Lystre… « Ceux qui rançonnent, qui rachètent ». Imaginez les maîtres-chanteurs. Ceux qui vous poussent à la faute, qui vous épient… pour répandre vos chutes dans les popotins… Non ils ne feront rien pour vous aider à avancer, ils comploteront plutôt. Ps 17:11 Ils sont sur nos pas, déjà ils nous entourent, Ils nous épient pour nous terrasser.

Jér 5:26 Car il se trouve parmi mon peuple des méchants ; Ils épient comme l'oiseleur qui dresse des pièges, Ils tendent des filets, et prennent des hommes.

A Derbe… « Tanneur: tanneur de peau: celui qui recouvre de peau » « dard ou dardeville». Si le léopard ne peut changer sa peau, il peut se couvrir de celle d'un agneau. Et des noirs de peau ont réussi à devenir blancs…
Vous craignez les pinces du scorpion, le mal vient de sa queue. Des amitiés pour l'émotion, vous couleront.
A bas les Masques… 1 Jean 2:19 Ils sont sortis du milieu de nous, mais ils n'étaient pas des nôtres ; car s'ils eussent été des nôtres, ils seraient demeurés avec nous, mais cela est arrivé afin qu'il fût manifeste que tous ne sont pas des nôtres.
Ne nous faisons pas d'illusion, la menace est réelle.
Ap 2:13 Je sais où tu demeures, je sais que là est le trône de Satan. Tu retiens mon nom, et tu n'as pas renié ma foi, même aux jours d'Antipas, mon témoin fidèle, qui a été mis à mort chez vous, là où Satan a sa demeure. Le but de Satan, c'est de nous amener à maudire Dieu : Job 2:9 Sa femme lui dit : Tu demeures ferme dans ton intégrité ! Maudis Dieu, et meurs !

En Lycaonie… des voisins, vous avez « la terre du loup » « pour la fourrure blanchâtre »
Des hommes cruels, gourmands, rapaces, destructeurs… ils sont au milieu de nous… se font passer pour nous.
Prov 9:4 Que celui qui est stupide entre ici ! Elle dit à ceux qui sont dépourvus de sens:…
Gal 3:3 Etes-vous tellement dépourvus de sens ? Après avoir commencé par l'Esprit, voulez-vous maintenant finir par la chair ?
C'est à Galates qu'est soulignée une dualité : les désirs de l'esprit et les désirs de la chair. « Les désirs de l'esprit » c'est un enseignement provenant d'une coalition : notre âme et notre esprit. Nous l'avons dit notre esprit ne reçoit que les avis de l'Esprit de Dieu et les transmet à notre âme. Si la communion est établie notre volonté fera ce que dit l'Esprit par l'esprit. En marchant selon l'Esprit, nous sommes des chrétiens spirituels. « Les désirs de la chair est une autre coalition : notre corps et notre âme. Les sens du corps fournissent des informations à notre âme. Ce sont des choses que la corps vit et voudrait voir notre volonté y apporté des solutions ou son assentiment. Si notre âme dans sa volonté suit ce que suggère notre corps, nous accomplissons les « désirs de la chair ». Nous devenons des chrétiens charnels. L'éducation de la grâce vise à faire de nous des croyants qui écoutent la voix de l'Esprit.
C'est pourquoi dès le départ, il vous a été souligné : Rom 12:2 Ne vous conformez pas au siècle présent (ne suivez pas les propositions des sens du corps), mais soyez transformés par le renouvellement de l'intelligence (c'est une intelligence qui reçoit

les suggestions de l'esprit), afin que vous discerniez (un sens de notre esprit) quelle est la volonté de Dieu, ce qui est bon, agréable et parfait.
D'entame, nous avons reçu les arrhes de l'Esprit sans aucun concours. Il n'y avait là la base d'aucun mérite, d'aucune forme de pureté même. C'est un homme animal qui reçoit Saint6esprit et qui dans la suite revêt la qualité d'homme charnel, puis l'éducation obéit, il devient un homme spirituel.
Jésus est né dans une crèche. Saint-Esprit habite en nous.
Actes 2:33 Elevé (éduqué) par la droite de Dieu, il a reçu du Père le Saint-Esprit qui avait été promis, et il l'a répandu, comme vous le voyez et l'entendez.
Jésus…Héb 5:8 a appris (il a subi son écolage), bien qu'il fût Fils, l'obéissance par les choses qu'il a souffertes,
De même la Révélation de la Torah n'a aucune base méritoire.

Ez 8:14 Et il me conduisit à l'entrée de la porte de la maison de l'Eternel, du côté du septentrion. Et voici, il y avait là des femmes assises, qui pleuraient Thammuz.
… le dieu de la nourriture et de la végétation…
Mais voyez donc ! Discernez…
Du lieu où il était, « Le voyant » visionnait le temple. Tous ceux qui y sont, n'y viennent pas pour célébrer Dieu. Certains sont des commerçants, d'autres des idolâtres, d'autres encore sont arnaqueurs, venus pour dépouiller. « Ils n'ont de Dieu que leur ventre ». Ne discernez-vous pas tout ceci ?
Mais à quoi servent les dons spirituels ?
Le livre de la Loi, Saint-Esprit et Les dons de l'Esprit et les Ministres dons sont les éléments de notre grâce, de notre éducation..
Les leçons de la grâce sont les moyens de Dieu pour nous sortir des situations trompeuses et effrayantes durant notre marche.
La grâce de Dieu fournit toutes les capacités pour nous faire triompher. Mais la grâce ne décide pas à notre place. Dieu nous a dotés d'une volonté. Il t'appartient de te servir du savon fabriqué pour ôter la salissure.
Oh… Galates insensés… ne vous a-t-on pas fourni dès le commencement les éléments salutaires de survie ? :
Rom 12:2 Ne vous conformez pas au siècle présent, mais soyez transformés par le renouvellement de l'intelligence, afin que vous discerniez quelle est la volonté de Dieu, ce qui est bon, agréable et parfait.
L'intelligence est l'organe qui motive les décisions de notre volonté dans notre âme. Une intelligence renouvelée est en accord avec les suggestions de l'esprit, nous prendrons alors de bonnes résolutions.

Gal 3:3 Etes-vous tellement dépourvus de sens ? Après avoir commencé par l'Esprit, voulez-vous maintenant finir par la chair ?

« Ceux qui ont commencé par l'Esprit »… nous sommes à l'étape 3, en Galatie. « Le faible reste » qui y est parvenu, le doit à la présence de l'Esprit dans leur vie et pas à eux-mêmes.
Dieu détient les dispositions de notre sanctification : Lév 16:19 Il fera avec son doigt sept fois l'aspersion du sang sur l'autel ; il le purifiera et le sanctifiera, à cause des impuretés des enfants d'Israël.
Cet « Esprit » comme Jésus, est né dans une porcherie, par la Volonté de Dieu.
Gal 3:5 Celui qui vous accorde l'Esprit, et qui opère des miracles parmi vous, le fait-il donc par les œuvres de la loi, ou par la prédication de la foi ?
Actes 2:38 Pierre leur dit : Repentez-vous, et que chacun de vous soit baptisé au nom de Jésus-Christ, pour le pardon de vos péchés ; et vous recevrez le don du Saint-Esprit.
Après le don de la Torah, 50 jours après Pâque, nous avons le don de l'Esprit.
La Torah nous commande tout ce qui est convenable pour parvenir au but, par écrit.

L'Esprit est l'élément propulseur pour atteindre ce but. Il parle à notre entendement. Et ses avis ne contredisent pas les Ecrits. Il est la pensée de l'Ecrit et la lettre des écrits. C'est le même Esprit qui opère tout en tous.
2 Pier 1:21 car ce n'est pas par une volonté d'homme qu'une prophétie a jamais été apportée, mais c'est poussés par le Saint-Esprit que des hommes ont parlé de la part de Dieu.
Ces deux acquis le 5ème et le 6ème jour sont les clés de notre victoire sur l'homme de péché au 7ème jour.
Mais qu'est « l'insensé ou le dépourvu de sens » ?… la notion parait vouloir dire que nous n'avons point d'acquis. Que nous nous n'avons rien compris. Que nous avons manqués les outils des étapes précédentes. Cela ne se peut.
Personne ne peut brûler les étapes. Admis, vous avancez sinon vous tournez en rond.
« Dépourvu de sens »… Ap 13:9 Si quelqu'un a des oreilles, qu'il entende !
Dieu nous a pourvus d'au moins 5 sens. Et aucun d'eux ne semble fonctionner : aveugle, lépreux, sourd, sans goût et sans nez… de même que que nous avons les sens du corps, nous avons aussi les sens de l'esprit.
La Loi dit ; vous avez six jours pour régler ces problèmes. Et l'esprit dit en six jours, ils seront corrigés. Car le 7ème jour est le Jour du Seigneur, Jour de triomphe et de gloire.

Mais voilà, dans la vision, le pécheur est sorti avec un seau et son filet, il a fouillé le fonde la rivière sans rien trouver. Mais voilà des poussons, je dirai des alevins flottaient morts à la surface de l'eau morts. Et je vis aussi qu'un vis n'était bien visé, l'engrenage n'adhérait pas. Tous les poissons matures ne se retrouvent pas à la surface des eaux exposés aux prédateurs mais dans les profondeurs. Et celui qui manque de s'attacher au cep ne forme pas avec lui un bon engrenage.

« Dépourvu de sens… » Ainsi donc vous êtes des nécessiteux. Votre équipement comporte des bévues, des manquements.
Matt 22:12 Il lui dit : Mon ami, comment es-tu entré ici sans avoir un habit de noces ? Cet homme eut la bouche fermée… Et il fut jeté.
Comment as-tu fait pour parvenir à cette porte ?
« Tu serais un idiot… sans intelligence ». Ta nouvelle naissance s'est alors mal opérée.
Et ceux qui ne sont pas nés de nouveau, Hommes n'ayant pas l'esprit, sont les grands discuteurs de ce siècle, les écueils dans les agapes.
Vous ne pouvez pas avoir reçu l'Esprit de Dieu et demeurer loin de la réflexion pure.
Prov 1:4 Pour donner aux simples du discernement, Au jeune homme de la connaissance et de la réflexion. 5 Que le sage écoute, et il augmentera son savoir, Et celui qui est intelligent acquerra de l'habileté,
L'intelligence des choses de Dieu se trouve-là, dans la méditation de sa Parole.

Ecoutez…. Gal 5:19 Or, les œuvres de la chair sont manifestes, ce sont l'impudicité, l'impureté, la dissolution,
En Galatie deux entités sont en opposition. Nous notions les Phrygiens, ceux de Derbe, de Lycaonie…
Ceux-là sont nommés « les œuvres de la chair », nous savons que ce sont aussi des préceptes que l'ennemi voudrait nous voir suivre, ailleurs nous nommions cela la « voix de la femme ». Ceux attachés aux rudiments du monde, qui se tracent leur propre règle de conduite pour gagner Dieu… ceux-là qui veulent contrefaire le chemin de la course et définir d'autres lois de réussite. Leurs œuvres jamais ne pourront les absoudre. Ces œuvres-là sont impudiques… menteurs, orgueilleux… et tous ceux qui naissent d'Adam sont ainsi.
Mais vous… Gal 5:24 Ceux qui sont à Jésus-Christ ont crucifié la chair avec ses passions et ses désirs.
Parce qu'ils sont nés du second Adam. Ils ont été sanctifiés… quoique « appelés à être saints ». Chose qui sera accomplie à la fin du pèlerinage. Lorsque Christ aura été formé en vous. Lorsque le péché et l'homme de péché seront à jamais jetés dans le feu ardent et roulés.
Vous avez un statut nouveau… 1 Cor 1:30 Or, c'est par lui que vous êtes en Jésus-Christ, lequel, de par Dieu, a été fait pour nous sagesse, justice et sanctification et rédemption,

Il y a donc confrontation, rivalité, et des tentatives de séduction.
Mais notez encore… Rom 7:19 Car je ne fais pas le bien que je veux, et je fais le mal que je ne veux pas.
Rom 7:23 mais je vois dans mes membres une autre loi, qui lutte contre la loi de mon entendement, et qui me rend captif de la loi du péché, qui est dans mes membres.

Cette Galatie, ce terrain de combat… c'est moi.
Mais… « Grâces soient rendues à Dieu par Jésus-Christ notre Seigneur ! … Ainsi donc, moi-même, je suis par l'entendement esclave de la loi de Dieu, et je suis par la chair esclave de la loi du péché.
Il n'y a donc maintenant aucune condamnation pour ceux qui sont en Jésus-Christ. » C'est cela que l'ensemble de nos sens doit saisir pour nous. C'est donc par la foi que nous demeurons dans le statut qui nous a été conféré par Grâce.

Dalet… ou la Galatie est une porte ou une traversée… ceux qui auront été intelligents marcheront à la clarté de leur Dieu. Dan 12:4 Toi, Daniel, tiens secrètes ces paroles, et scelle le livre jusqu'au temps de la fin. Plusieurs alors le liront, et la connaissance augmentera.
Cette porte est un passage décisif, soulignant le dépouillement de soi. Et nous parlons de votre intelligence, de votre conception des choses divines. C'est le travail de l'âme.
« Le dessin originel de cette lettre suggère la tête de poisson, un delta, un partage des eaux. Le point Yod fondamental, origine de toutes les lettres, se dirige dans deux directions à angle droit, et trace deux traits, deux cheminements.
En forme d'équerre, ce signe vérifie la rectitude d'une construction matérielle, la taille d'une pierre, mais ne suffit pas pour obtenir un édifice solide… il reste encore à faire…
Choisis ta voie… Discuteur… le « faible reste » poursuivra dans le Chemin étroit.

Salomon, cet homme revêtu de sagesse voit son cœur épris d'amour pour la femme au point où il se détourna de la voie que lui traça la parole de Dieu : Deut 17:17 Qu'il n'ait pas un grand nombre de femmes, afin que son cœur ne se détourne point ; et qu'il ne fasse pas de grands amas d'argent et d'or.
1 Tim 4:16 Veille sur toi-même et sur ton enseignement ; persévère dans ces choses, car, en agissant ainsi, tu te sauveras toi-même, et tu sauveras ceux qui t'écoutent.

LAZARE, MARTHE ET MARIE

Jean 11:1 Il y avait un homme malade, Lazare, de Béthanie, village de Marie et de Marthe, sa sœur.

Notre réflexion sur les causes de la disgrâce de Salomon nous a conduits à Béthanie. Béthanie « maison des dattes non mûres » « maison de l'affligé ». Cette bourgade était un peu la plaque tournant de l'évangélisation de Jésus. Il y régnait cependant une odeur de non accomplissement. Là les choses ne parvenaient pas à maturité. Là ceux dépourvus de sens s'engageaient dans le delta dans un chemin autre, ils suivaient la chair et ses désirs. Là se trouvait cependant une famille que Jésus visitait souvent, il y avait trois amis : Lazare, Marthe et Marie. Ce sont trois individus dans une même maison. Ce sont trois entités qui ne peuvent parvenir pas à

l'épanouissement. Et l'un deux subissant la maladie, la malédiction du péché, mourut.
Le livre qui nous conduit dans cette méditation est écrit par le prophète Jean sous le commandement d'une autre Parole, le Shin. C'est le troisième de la matrice, une lettre mère symbolisant Saint-Esprit, c'est le croc de l'animal sauvage, c'est le feu ardent, la puissance manifestée de Dieu. C'est la manifestation de l'Esprit que nous enseigne Jean, c'est la force que revêt notre esprit quand il est régénéré. Il est reconnecté à la source de la puissance de Dieu. Ce qui fait de nous des fils de Dieu, c'est son Esprit demeurant en nous mais plus encore « son Esprit survenant sur nous » : 1 Cor 6:19 Ne savez-vous pas que votre corps est le temple du Saint-Esprit qui est en vous, que vous avez reçu de Dieu, et que vous ne vous appartenez point à vous-mêmes ? C'est conduit par l'Esprit que nous accomplissons les œuvres de Dieu.

Nous y découvrons que notre être est fait de corps, d'âme et d'esprit. Le corps malade meurt, il retourne à la poussière, il est mis au sépulcre. L'âme ne meurt pas mais ne peut exister sans corps, il est recueilli « dans le sein d'Abraham » ou au séjour des morts : Luc 16:23 Dans le séjour des morts, il leva les yeux ; et, tandis qu'il était en proie aux tourments, il vit de loin Abraham, et Lazare dans son sein. Deux destinations sont indiqués pour les âmes, ce n'est pas encore l'enfer ou le paradis. Pas avant le temps et les jugements annoncés : le tribunal de Christ et le grand trône blanc.
Mais avant nous découvrons l'activité de ces trois entités à Béthanie. Lazare passait inaperçu, l'homme était comme sans activité, en fait il était sans décision. Nous lui collons volontiers les fonctions du corps. Le corps qui a pour moteur l'organe cœur, n'est pas un décideur, c'est un être qui subit mais qui cependant à des désirs qui sont tous tournés vers le matériel. Il est dans le monde du réel, du palpable. Notre corps n'est qu'un exécutant. C'est un bon soldat qui obéit aux ordres : Luc 7:8 Car, moi qui suis soumis à des supérieurs, j'ai des soldats sous mes ordres ; et je dis à l'un : Va ! et il va ; à l'autre : Viens ! et il vient ; et à mon serviteur : Fais cela ! et il le fait.

Le corps n'a pas de volonté, cependant il éprouve le chaud et le froid. Il est nourrit et informé par les sens du corps : la vue, le toucher, le goûter, le sentir, l'entendre. Il donne des informations à l'homme intérieur qui décide de ce qui doit être. Si le corps brûle, c'est notre volonté qui lui commande de sortir de là sinon il y demeure calciné. C'est pourquoi lorsque notre âme est malade, l'organe de la volonté incapable de décision bonne, nous courrons au suicide ou au meurtre gratuit. Ce sont alors les décisions de l'homme intérieur ou son désenchantement qui ont conduit Lazare à la mort. Ez 18:4 Voici, toutes les âmes sont à moi ; l'âme du fils comme l'âme du père, l'une et l'autre sont à moi ; l'âme qui pèche, c'est celle qui mourra. La mort de l'âme est précédée premièrement de « la mort de l'esprit » puis de la mort du corps enfin vient la mort de l'âme après son jugement. L'esprit d'entre les trois entités ne meurt pas, il retourne à Dieu qui l'a donné.

Là à Béthanie une femme excellait, Marthe. C'était elle la maîtresse de la maison. C'était elle qui avait pouvoir de décision.
Luc 10:40 Marthe, occupée à divers soins domestiques, survint et dit: Seigneur, cela ne te fait-il rien que ma sœur me laisse seule pour servir ? Dis-lui donc de m'aider. Elle donnerait même des ordres à Dieu lui intimant ce qui est juste. Elle prétend avoir la notion de ce qui est bien et de ce qui est mal.
Elle figure notre âme dans ses trois compartiments : la volonté, l'intelligents et les émotions. Marthe s'activait à plaire à Jésus. Et tous les hommes sont abonnés à cet activisme ; plaire à Dieu. Nous courons de-ci de-là parce que notre conscience nous dicte la nécessité d'être dans les bonnes grâces de Dieu. Ps 119:8 Je veux garder tes statuts : Ne m'abandonne pas entièrement ! Parce que... « Ecc 3:11 Il fait toute chose bonne en son temps ; même il a mis dans leur cœur (dans leur âme) la pensée de l'éternité, bien que l'homme ne puisse pas saisir l'œuvre que Dieu fait, du commencement jusqu'à la fin.

Notre volonté veut faire ce qui est bien mais...Rom 7:19 Car je ne fais pas le bien que je veux, et je fais le mal que je ne veux pas. C'est ce que nous avons récolté auprès de l'arbre de la connaissance du bien et du mal.
Cette dualité que nous vivons provoque des blessures internes, les blessures de l'âme. Si notre corps est bien passif, un esclave soumis à une volonté, notre âme l'est bien plus encore. Elle subit deux influences. D'un côté elle a les suggestions du corps ou les désirs du corps qui sont transmis par les sens du corps, elle commande alors des activités charnelles. De l'autre, elle a la vouloir de l'esprit qui lui dicte ce que Dieu veut si toutefois elle est en connexion avec l'Esprit de Dieu par son esprit. Elle commande alors des activités spirituelles
Si donc Marthe s'agite sans connexion avec Dieu son ouvrage est vain et cet échec cause des blessures qui la rendront encore plus maladroite. Dès ce moment ses mauvais sentiments grossissent : Gen 4:5 mais il ne porta pas un regard favorable sur Caïn et sur son offrande. Caïn fut très irrité, et son visage fut abattu.
Ce sont ces mauvais sentiments qui ont dicté le meurtre de son frère que le corps exécuta : Gen 4:8 Cependant, Caïn adressa la parole à son frère Abel ; mais, comme ils étaient dans les champs, Caïn se jeta sur son frère Abel, et le tua. L'hypocrisie, l'absence de pardon, les rancœurs, les pensées de suicide, la magie l'inimitié et les choses semblables sont le fruit d'une âme hypertrophiée nourrit par les désirs de la chair.
Notre âme est une balance, elle s'incline du côté ou, elle le plus nourrit : 1 Rois 18:21 Alors Elie s'approcha de tout le peuple, et dit : Jusqu'à quand clocherez-vous des deux côtés ? Si l'Eternel est Dieu, allez après lui ; si c'est Baal, allez après lui ! Le peuple ne lui répondit rien.

En s'entichant d'un grand nombre de femmes étrangères, ces dernières ont nourri son âme à Salomon de choses contraire à la parole de Dieu. Et la balance pencha pour l'idolâtrie qui conduisit à la scission de son royaume. Pro 24:12 Si tu dis : Ah ! nous ne savions pas ! … Celui qui pèse les cœurs ne le voit-il pas ? Celui qui veille sur ton âme ne le connaît-il pas ? Et ne rendra-t-il pas à chacun selon ses œuvres ?

Lorsque Marthe rencontra Jésus, rien ne se fit dans la suite :
Jean 11:30 Car Jésus n'était pas encore entré dans le village, mais il était dans le lieu où Marthe l'avait rencontré. La rencontre de l'âme d'avec l'Esprit de Dieu n'a pas fait bouger les choses car Dieu ne parle pas à notre âme mais à notre esprit.
Jean 11:39 Jésus dit : Otez la pierre. Marthe, la sœur du mort, lui dit: Seigneur, il sent déjà, car il y a quatre jours qu'il est là.
C'est là l'activité d'une âme hypertrophiée très alimentée par les sens du corps. Sa volonté ne perçoit que ce qui lui dicte les sens du corps. Les choses apprises dans les écoles conduisent son être. Elle ne connaît pas la voix intérieure, son âme est déconnectée de son esprit. « La sœur du mort » souligne la mort de l'âme quand elle ne pas reliée à l'esprit vivifié. Ce dont l'âme a besoin, c'est sa restauration.

Béthanie nous révèle une troisième entité, Marie.
Luc 10:39 Elle avait une sœur, nommée Marie, qui, s'étant assise aux pieds du Seigneur, écoutait sa parole. Malgré la bonne part choisie, Marie n'a pas d'influence sur le corps, car le corps n'écoute que l'âme. Oh Dieu est un Dieu d'ordre. N'espérez pas renverser ce qu'il a mis en place et avoir son assentiment. Vous ne pouvez être homosexuel et espérer enfanter.
Nous avons noté à Béthanie, un être passif qui subit une volonté, un autre très actif, faiseur de lois, la troisième entité est un être sans qualificatif majeur, il lui est reproché son inaction dans les choses extérieures. Elle participe cependant à une autre cuisine : l'écoute de la voix de l'Esprit. Notre esprit n'interfère pas dans les actions du corps. Elle ne donne pas d'ordre direct mais susurre plutôt ce qui doit être à notre âme s'ils sont en liaison. Il conseille notre âme.
Prov 24:6 Car tu feras la guerre avec prudence, Et le salut est dans le grand nombre des conseillers. Si le roi a des conseillers remplis de sagesse, il gagnerait ses guerres. Vous avez le conseil mais le choix de la décision active vous appartient, c'est à votre volonté de décider. Et votre décision sera salutaire si vous optez pour la voix de l'esprit.
1 Tim 6:11 Pour toi, homme de Dieu, ***fuis ces choses, et recherche la justice, la piété, la foi, la charité, la patience, la douceur…*** ce que l'esprit conseille est opposé à ce que les sens du corps apporte comme informations. Prov 25:21 Si ton ennemi a faim, donne-lui du pain à manger ; S'il a soif, donne-lui de l'eau à boire.
Les sens du corps conseilleront plutôt de profiter de sa faiblesse pour le mater. Si notre esprit est mort, nous n'entendrons plus la voix de la sagesse et nos actes nous entraîneront vers le séjour des morts.

Marie aussi dit : Jean 11:32 Lorsque Marie fut arrivée là où était Jésus, et qu'elle le vit, elle tomba à ses pieds, et lui dit : Seigneur, si tu eusses été ici, mon frère ne serait pas mort.
C'est une conversation d'esprit à Esprit, c'est elle qui est attendu. Elle souligne la puissance de l'esprit sur les choses matérielles. Elle évoque la foi. Et Dieu répond à la foi des humains.

Le parfum de nard ?
Ce que nous découvrons encore de Marie ? C'est la révélation des choses divines qui sont accordées à notre esprit. De même que le corps à ses sens d'information, notre esprit aussi a les siens. Marc 2:8 Jésus, ayant aussitôt connu par son esprit ce qu'ils pensaient au dedans d'eux, leur dit : Pourquoi avez-vous de telles pensées dans vos cœurs ?
L'on attribue les fonctions de la conscience, de l'intuition et de la communion à notre esprit. Ces facultés nous permettent de sonder les profondeurs de Dieu et de connaître ce que Dieu veut.
Jean 11:2 C'était cette Marie qui oignit de parfum le Seigneur et qui lui essuya les pieds avec ses cheveux, et c'était son frère Lazare qui était malade. Notons que le Shin n'insiste pas sur la mort de Lazare mais sur sa maladie. Car pour Dieu là où est l'esprit là est la vie, la maladie est une épreuve que Dieu envoie pour conduire à la vie.
Mr 14:3 Comme Jésus était à Béthanie, dans la maison de Simon le lépreux, une femme entra, pendant qu'il se trouvait à table. ***Elle tenait un vase d'albâtre, qui renfermait un parfum de nard pur de grand prix ; et, ayant rompu le vase, elle répandit le parfum sur la tête de Jésus.***
Jn 12:3 Marie, ayant pris une livre d'un parfum de nard pur de grand prix, oignit les pieds de Jésus, et elle lui essuya les pieds avec ses cheveux ; et la maison fut remplie de l'odeur du parfum.
Ca 1:12 Tandis que le roi est dans son entourage, Mon nard exhale son parfum.
Nous sommes toujours à Béthanie, là où les choses ne mûrissent pas. La scène suivante nous démontre le pouvoir de l'esprit sur les choses qui nous tirent vers le bas : 1 Cor 15:55 O mort, où est ta victoire ? O mort, où est ton aiguillon ?
Le nard une plante aromatique qui pousse sur les plus hauts sommets de l'Himalaya. Voyez combien il est inaccessible ! Rhizome ou racine aromatique dont les anciens se servaient à titre de parfum. Il est dit-on recherché pour son effet sur les mauvais esprits et sur l'esprit de la mort.
En outre, parmi les maladies traitées par le nard de l'Himalaya on peut citer : les débilités séminales, la typhoïde, les maladies dermatologiques, les maladies respiratoires, les calculs rénaux, la jaunisse, la tachycardie, les troubles gastriques, le ballonnement, l'épilepsie et les convulsions.

Cet arôme de par son origine et sa rareté coûterait les yeux de la tête. Ce parfum est de l'ordre de ce qui est somptueux, couteux et vous engage dans de grandes dépenses, comme tout « vendre pour acheter la perle de grand prix ». Sa valeur est immense, inestimable. Il a la capacité de vous soustraire de la mort, de l'influence des esprits du mal. Tout mort qui en est embaumé, doit s'attendre à ressusciter des morts à cause de l'émanation du parfum. Le nard est le parfum des dieux.

La scène de notre texte se déroule à Béthanie, au cours d'un repas. Béthanie, « maison des dattes non mûres » ou « maison de l'affligé », affligé par la mort, affligé par les effets collatéraux du péché. Ce fut dans l'une de ces maisons que logeaient Jésus et sa troupe pendant ses tournées d'évangélisation.
C'est là que mourut un certain Lazare, un peu trop tôt pour beaucoup. C'est là que Jésus opéra pour la première fois le miracle de la résurrection. C'est là que son sort fut scellé : *il devait mourir et Lazare aussi pour que la religion retrouve ses acquis d'antan*. Nous pleurons nos morts, mais nous fuyons si l'un d'eux vient à ressusciter. A Béthanie, les choses ne vont jamais jusqu'au bout, c'est la maison « des dattes non mûres ». Les renards y sabotent les racines.
Enfin c'est là que fut répandu ce parfum de grand prix. Comme pour dire que Jésus mourra sous peu mais qu'il ressuscitera d'entre les morts. Cette révélation fut accordée à une femme Marie que nous avons identifiée à notre esprit.

Nous savons que ce parfum répandu sur ses pieds fit effet. Plus tard il « Ge 49:33 ... *il retira ses pieds dans le lit, il expira, et fut recueilli auprès de son peuple »*. Cependant dans la suite, trois jours après,... Mr 10:34 qui se moqueront de lui, cracheront sur lui, le battront de verges, et le feront mourir ; ***et, trois jours après, il ressuscitera***.
Au total règne à Béthanie, une odeur de mort, d'ivraie. Le pouvoir de la mort était présent. Seulement, Une femme en communion avec la parole, discernant la puanteur de l'ivraie comprit l'acte prophétique à poser... L'homme avait été déclaré à l'extrémité, sa famille priait pour sa mort qui soulagerait plus d'un, et Dieu m'envoya lui déclaré la vie pour 15 années à venir, et l'homme se releva.
Elle répandit ce précieux parfum sur sa tête en d'autre part, ici sur ses pieds. Nous retiendrons l'action de l'Eglise-femme pour les générations à venir.... Deux portions du corps humains sont citées : ***la tête et les pieds***. Le centre des décisions et l'instrument de notre victoire. De 11:24 *Tout lieu que foulera la plante de votre pied sera à vous*... il faut d'abord y aller puis là, les mains feront ce qui a été donné. Y aller, c'est oser, faire montre d'audace.

Puis elle lui essuya ***les pieds avec sa « chevelure ».*** 1Co 11:6 Car si une femme n'est pas voilée, qu'elle se coupe aussi les cheveux. Or, s'il est honteux pour une femme d'avoir les cheveux coupés ou d'être rasée, qu'elle se voile. « C'est une

gloire pour la femme d'en porter, parce que la chevelure lui a été donnée comme voile ».
La chevelure de la femme à le pouvoir de préserver, d'obtenir la bénédiction promise, de retrouver ce qui a été perdu. Cette chevelure à emballer, est étroitement liée au verset prophétique : *Ge 3:15 Je mettrai inimitié entre toi et la femme, entre ta postérité et sa postérité : celle–ci t'écrasera la tête, et tu lui blesseras le talon.*
Une femme qui refuse de se tenir dans la recommandation de la parole, se refuse le triomphe de son fils. Tous les pieds non couverts de nard sont semblables aux pieds de la grande statue, les pieds de l'anti christ, des pieds qui vont courir en vain. *Da 2:34 Tu regardais, lorsqu'une pierre se détacha sans le secours d'aucune main, frappa les pieds de fer et d'argile de la statue, et les mit en pièces.*
Juda, le renard de la troupe sentant la chose lui échappée, tenta de s'y opposer... il est voleur comme l'autre qui est un grand "dérobeur", animé par les désirs de la chair.
« Mais Jésus dit : *Laisse la garder ce parfum pour le jour de ma sépulture* ».
Lu 24:1 Le premier jour de la semaine, elles se rendirent au sépulcre de grand matin, portant les aromates qu'elles avaient préparés....
Le séjour des morts détestant cette odeur, se vit contraint de vomir l'homme Jésus.

« Six jours avant la Pâque, Jésus arriva à Béthanie, où était Lazare, qu'il avait ressuscité des morts ».
L'autre indice, c'est la présence de Lazare, le ressuscité. Cet autre revenu d'entre les morts dont la famille avait sans doute fait ce souper à l'honneur de leur bienfaiteur. Ce « ressuscité » bien entendu était l'objet de curiosité mais par-dessus tout conduisit beaucoup... : « Une grande multitude de Juifs apprirent que Jésus était à Béthanie ; et ils y vinrent, non pas seulement à cause de lui, *mais aussi pour voir Lazare, qu'il avait ressuscité des morts.* ***Les principaux sacrificateurs délibérèrent de faire mourir aussi Lazare, parce que beaucoup de Juifs se retiraient d'eux à cause de lui, et croyaient en Jésus.*** »
Lazare mettait en évidence le pouvoir revêtu au travers de la résurrection. C'est pourquoi... Php 3:14 je cours vers le but, pour remporter le prix de la vocation céleste de Dieu en Jésus–Christ.... Php 3:10 Afin de connaître Christ, et la puissance de sa résurrection, et la communion de ses souffrances, *en devenant conforme à lui dans sa mort*, Php 3:11 *pour parvenir, si je puis, à la résurrection d'entre les morts.*
Cette odeur de nard, Jésus la répand dans sa suite : ***Ca 1:12 Tandis que le roi est dans son entourage, Mon nard exhale son parfum.*** « Je suis devenu un encensoir » un instrument qui répand son parfum. La guérison des malades que nous professons est les prémices de la résurrection. C'est la victoire sur la malédiction du péché et les maux qu'elle transporte. C'est par la puissance de son Esprit que nous bataillons.
2Co 2:15 Nous sommes, en effet, pour Dieu la bonne odeur de Christ, parmi ceux qui sont sauvés et parmi ceux qui périssent...
Un parfum qui s'exhale pour communiquer la mort à certains, et la vie à d'autres. Marie qui se tenait au pied de Jésus, à écouter de la bonne part, avait reçu ce parfum

qui communique la vie et la résurrection. Josué 1:8 *Que ce livre de la loi ne s'éloigne point de ta bouche ; médite-le jour et nuit, pour agir fidèlement selon tout ce qui y est écrit ; car c'est alors que tu auras du succès dans tes entreprises, c'est alors que tu réussiras.*

Nous lirons encore trois autres passages de la parole :
2Ro 2:21 Il alla vers la source des eaux, et il y jeta du sel, et dit : Ainsi parle l'Eternel : J'assainis ces eaux ; il n'en proviendra plus ni mort, ni stérilité.
2Ro 4:41 Elisée dit : Prenez de la farine. Il en jeta dans le pot, et dit : Sers à ces gens, et qu'ils mangent. Et il n'y avait plus rien de mauvais dans le pot.
Jas 5:14 Quelqu'un parmi vous est–il malade ? Qu'il appelle les anciens de l'Eglise, et que les anciens prient pour lui, en l'oignant d'huile au nom du Seigneur
Ce sont là trois faits *palpables* qui nécessitèrent une action prophétique pour résoudre trois problèmes liés à la maladie, à l'empoisonnement familial et à la pollution d'un milieu naturel. *La détresse frappait un individu, une communauté et toute une région.* De l'huile, de la farine et du sel ont été les éléments physiques utilisés pour éloigner le dévoreur et l'égorgeur. Face à ces ravages des renards et des chacals, trois remèdes furent employés pour apporter le soulagement :
Le sel, l'art de rendre inviolable une entité. De faire disparaître ce qui détruit. Le sel agit comme un médecin pour guérir, rétablir l'intégrité d'un corps, de rendre salubre, de panser. Le sel guérit des détresses des individus, des maux des nations impliquant un retour en grâce devant Dieu.
La farine dans le sens de moudre, de dépouiller, est ajouté au repas pour le dépouiller de l'infecte mais aussi pour rendre pur et chaste. La farine joue un rôle de restauration de l'âme, nous y voyons le caractère de Jésus… La fine fleur de farine : Lév 2:5 Si ton offrande est un gâteau cuit à la poêle, il sera de fleur de farine pétrie à l'huile, sans levain.
L'huile a la capacité de rendre insensible à la douleur, de rendre fertile et de donner de l'embonpoint. L'on trouve de l'huile dans les pommades, les parfums… Avec de la vaseline, j'ai une fois prié pour une femme qui perdait ses enfants en couche, le miracle fut accomplie et la femme cette fois accoucha sans embûche.
Le parfum, dans le cas de Marie avec son parfum de nard, la mort prochaine de Jésus fut discernée. Il fallait un baume qui produise sa résurrection.

Il s'agit ici de gestes simples qui sauvent.
Vous vous emploierez alors à suivre la méthodologie dans la foi à l'Esprit du Christ qui vous fait la révélation. Eloignez-vous des commentaires du genre « ***il sent déjà*** ». Mr 9:23 Jésus lui dit : Si tu peux !… Tout est possible à celui qui croit. Mr 10:27 Jésus les regarda, et dit: Cela est impossible aux hommes, mais non à Dieu : car tout est possible à Dieu.

Ne vous limitez pas seulement à « l'onction d'huile… » Prenez toutes les armes de Dieu… dont vos caleçons…pour tenir ferme devant l'accusateur et les perceurs de main.
N'acceptez plus ce dictat de l'ennemi. Révoltez-vous ! Nous pouvons beaucoup mais nous faisons peu et subissons les affres des renards comme des hommes manquant de connaissance.
Si vous avez la nausée de ce qui est écrit dans « l'ancien testament », vous avez opté pour l'incrédulité. Or « ***2Ti 3:16 Toute Ecriture est inspirée de Dieu, et utile pour enseigner, pour convaincre, pour corriger, pour instruire dans la justice, afin que l'homme de Dieu soit accompli et propre à toute bonne œuvre*** ».

Nous l'avons souligné, Béthanie à un problème, les choses n'arrivent pas à maturation. Et la mort de Lazare impliquait une défaillance aux trois niveaux. Jésus nous y enseigne la restauration de l'âme, la régénération de l'esprit et la résurrection du corps.

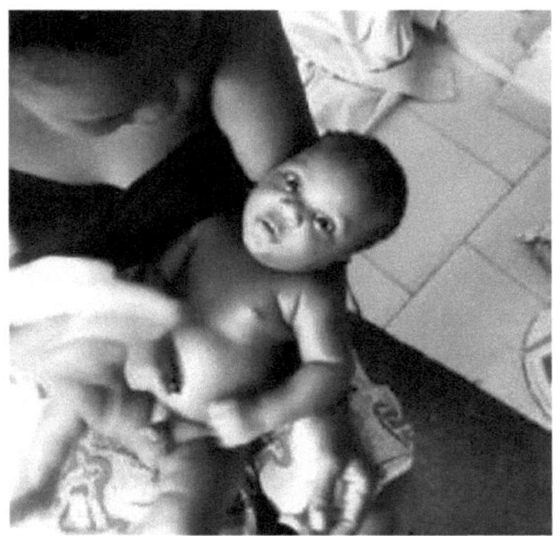

FAISONS L'HOMME...

Ge 1:26 Puis Dieu dit : Faisons l'homme à notre image, selon notre ressemblance, et qu'il domine sur les poissons de la mer, sur les oiseaux du ciel, sur le bétail, sur toute la terre, et sur tous les reptiles qui rampent sur la terre.

Nous avons au travers de la vie d'hommes de renom montré comment ils ont été disqualifiés malgré l'appel reçu et l'onction divin qui animait leur vie. L'homme selon le cœur de Dieu et qui ferait toutes ses volontés semblait ne jamais voir le jour jusqu'à ce que paraissent l'homme Jésus qui selon… Es 53:11 A cause du travail de son âme, il rassasiera ses regards ; Par sa connaissance mon serviteur juste justifiera beaucoup d'hommes, Et il se chargera de leurs iniquités.
Lui est parvenu à faire toute la volonté de Dieu « en traitant durement son corps », malgré qu'il nous soit dit que Moïse… Héb 11:25 aimant mieux être maltraité avec le peuple de Dieu que d'avoir pour un temps la jouissance du péché,.. malgré cela cet ami de Dieu fut écarté dans la course. L'homme Jésus fut l'homme du projet souligné : Mat 17:5 Comme il parlait encore, une nuée lumineuse les couvrit. Et voici, une voix fit entendre de la nuée ces paroles : ***Celui-ci est mon Fils bien-aimé, en qui j'ai mis toute mon affection : écoutez-le !***

Nous qui sommes parvenus au temps de la fin, nous sommes à son école en vue d'être façonnés en notre âme pour revêtir tout son caractère.
Tout au long de ce parcourt, un homme est pris puis rejeté selon les attentes : Actes 13:22 puis, l'ayant rejeté (ou disqualifié), il leur suscita pour roi David, auquel il a rendu ce témoignage : J'ai trouvé David, fils d'Isaï, homme selon mon cœur, qui accomplira toutes mes volontés. Mais le but de la vocation de l'homme demeure : qu'il domine.

Ce que nous savons ce sont Trois lettres mères ou de « la matrice » formant un tronc se subdivisant en 7 branches, ce sont « les parlers » ou les promesses de la rédemption, puis douze petites branches, les tribus ou « les prières » en sortent.
Au total 22 paroles nous disent tout ce que nous devons savoir sur toute la création de Dieu et son projet pour l'humanité en particulier.
L'homme un projet de Dieu, il le nomma : Adam (aw-dawm') **אדם… (alef, dalet et mem)** trois paroles courent son nom. Le Dalet est pour moitié sous la dominance du Shin, il est la porte tout comme le Mem. Les trois de la matrice sont de concert dans la fabrication de l'homme. L'un forme le corps, l'autre le caractère et l'autre son

activité. L'homme sera un lieu d'allégresse, en état de veille et gardé. Ce qui signifie qu'il aura les yeux constamment ouverts à cause de ses ennemis qui seront nombreux et divers. L'homme fut conçu pour la guerre… pour la domination : « qu'il domine ».
Et le véritable Adam, c'est Jésus-Christ. Jean 19:5 Jésus sortit donc, portant la couronne d'épines et le manteau de pourpre. Et Pilate leur dit : *Voici l'homme.*
Es 53:11 A cause du travail de son âme, il rassasiera ses regards ; Par sa connaissance mon serviteur juste justifiera beaucoup d'hommes, Et il se chargera de leurs iniquités.

« Faisons l'homme ! » l'expression indique une source plurielle. Un consensus pour un but. L'action comporte de « nombreux synonymes ».
La fabrication en vue de produire une œuvre. Ensuite le faire acquérir des aptitudes, l'exercer. Enfin en attendre la production ou l'emploi, agir au travers de lui. C'est pour servir à son plan que Dieu nous fabrique.
Ps 139:14 Je te loue de ce que je suis une créature si merveilleuse. Tes œuvres sont admirables, Et mon âme le reconnaît bien.
Cela nous le reconnaissons tous. L'homme est une formidable machine encore à parfaire jusqu'au temps marqué.

Cependant… *Gen 6:5 L'Eternel vit que la méchanceté des hommes était grande sur la terre*, et que toutes les pensées de leur cœur se portaient chaque jour uniquement vers le mal.
Nous sommes à l'aube du troisième recommencement de Dieu, la dispensation de la responsabilité humaine s'annonçait.
L'homme a une âme. Certains disent « un animal pensant ». Il est surtout capable de dire « non, non » « oui, oui ». « Un libre arbitrage ». L'homme a une personnalité (volonté, intelligence, sensibilité), doté de raison, de sens moral. L'homme est une âme vivante mais il doit aussi être un être vivifiant : 1 Cor 15:45 C'est pourquoi il est écrit : Le premier homme, Adam, devint une âme vivante. Le dernier Adam est devenu un esprit vivifiant. L'on parle d'un être non seulement qui procure la vie mais aussi qui vivifie par une puissance spirituelle, capable de ramener à la vie, de donner une meilleure vie en ce qui concerne la vie physique. Il s'agit de la vie de l'esprit, revêtue de nouveaux et plus grands pouvoirs.
Dieu est esprit, sa ressemblance ne peut qu'œuvre dans l'esprit, Jn 4 :24. 1 Thes 5:23 Que le Dieu de paix vous sanctifie lui-même tout entiers, et que tout votre être, l'esprit, l'âme et le corps, soit conservé irrépréhensible, lors de l'avènement de notre Seigneur Jésus-Christ ! Avec Adam en Eden nous n'étions qu'au commencement du projet. L'homme un être tripartite que se parfait en ses trois dimensions.

Dieu a fait l'homme à sa ressemblance, libre non assujetti : Gal 2:4 Et cela, à cause des faux frères qui s'étaient furtivement introduits et glissés parmi nous, pour épier

la liberté que nous avons en Jésus-Christ, avec l'intention de nous asservir. Le projet de Dieu c'est de faire de l'homme « un dieu », un associé de ceux qui ont dit : « faisons l'homme ». De la « tri-unité », nous tendons vers « la quadri-unité ».
Cet être libre a été suscité non pour défier Dieu mais pour une communion de pensée. Eden n'était que l'étape une du projet.
Lév 8:33 ***Pendant sept jours***, vous ne sortirez point de l'entrée de la tente d'assignation, jusqu'à ce que les jours de votre consécration soient accomplis ; ***car sept jours seront employés à vous consacrer***.
L'homme que Dieu se prépare apparaîtra au 8ème jour, durant sept jours il sera parfait, perfectionné en vue de sa présentation. Dans un commencement nouveau qui n'aura point de fin, la dispensation du royaume ne sera que l'étape finale du projet ou l'homme exercera sa domination, son savoir-faire.

Cette haute charge nécessite des précautions mais plus encore, une formation ardue. Saint-Esprit nous dévoile « un homme supérieur aux ordres établis » : Héb 1:4 devenu d'autant supérieur aux anges qu'il a hérité d'un nom plus excellent que le leur. Supérieur à Moïse, établi dans l'ordre de Melchisédek. Cependant cet homme dès le début du projet devait se tenir dans l'humilité et l'obéissance… Phi 2:6 lequel, existant en forme de Dieu, n'a point regardé comme une proie à arracher d'être égal avec Dieu,
Cet homme n'a point brûlé ni précipité les étapes mais s'est tenu dans les modules enseignés.
Héb 5:10 Dieu l'ayant déclaré souverain sacrificateur selon l'ordre de Melchisédek.
Voilà la destinée de l'homme. Il lui fallait faire ses classes et surclassés ses « collègues » de classe.

Les Éducateurs de l'Homme…

Pro 8:10 Préférez mes « dressages » à l'argent, Et la science à l'or le plus précieux ;
Ce qui va suivre commande de notre part des explications pour aider à comprendre « notre approche » des 22 lettres ou Paroles de l'Aleph-Beth :

Les 3 de la Matrice ou Lettres-Mères Ou la Racine	*Les 7 de la Rédemption ou Lettres-doubles Ou le Cep*	*Les 12 Tribus ou Les lettres-simples Ou les Sarments*
Aleph ***La puissance de l'air*** Genèse, Esaïe, Romains	1/4 du Taw, la Croix Beth, la Maison Peh, la Parole 1/4 du Resh, la Tête	1/2 Tsaddi, hameçon Quph, sélection Hey, le souffle, l'éveil Waw, ongle, l'ancrage 1/2 Zayen, armes
Mem ***La puissance de l'eau***	3/4 du Resh, la Tête	1/2 Zayen Chet, la sécurité

	Kaph, la Paume, le contenu 1/2 Dalet, la Porte	Têt, le serpent Yod, iota, main tendue 1/2 Lamed, la houlette
Shin ***La puissance du feu***	1/2 Dalet, la porte Ghimel, la marche 3/4 Taw, la marque	1/2 Lamed, le bâton Noun, le Poisson, la Vie ***Samech***, la communion Ayen, l'œil, la connaissance 1/2 Tsaddi, l'hameçon

22 Paroles… chaque Parole est Loi ou promesse ou une prière. Nous y identifions Trois détenteurs de la Loi, 7 promesses faites pour atteindre un but et 12 prières ou les moyens qu'ils se donnent pour la réussite du projet :
Lév 8:33 Pendant sept jours, vous ne sortirez point de l'entrée de la tente d'assignation, … ; car sept jours seront employés à vous consacrer (ou sacraliser ou parfaire).

Depuis Eden 7 temps ont été mis à part pour consacrer l'homme à une tâche.
Ni l'attaque du jardin par le serpent, ni les épreuves que nous subissons ne sont fatalités ou accidents de parcours. Le croire, c'est faire de Dieu un ignorant ou un improvisateur. Ce sont des instruments de notre perfectionnement. Cela un homme le perçut malgré ce qu'il subissait : Job 19:26 Quand ma peau sera détruite, il se lèvera ; Quand je n'aurai plus de chair, je verrai Dieu. 27 Je le verrai, et il me sera favorable ; Mes yeux le verront, et non ceux d'un autre ; Mon âme languit d'attente au dedans de moi.
Il y a toujours une Parole en Partage. On dit que les lettres se parlent et se conjuguent entre elles. Nous constatons que si les lettres-mères ont des priorités ou des personnalités propres, elles sont aussi beaucoup de choses en commun. L'unité est ainsi établie. Etre uni ne signifie pas absence d'individualité… mais de demeurer dans l'esprit qui dit :
Héb 12:15 Veillez à ce que nul ne se prive de la grâce de Dieu ; à ce qu'aucune racine d'amertume, poussant des rejetons (ou des cancers), ne produise du trouble, et que plusieurs n'en soient infectés…
Il demeure important d'éviter d'être le maillon faible dans la suite.
Si l'air ou le vent attise le feu, l'eau qui est en communion et avec l'air et avec le feu, peut tempérer les ardeurs, en jouant son rôle de Mediature.
Rom 5:6 Car, lorsque nous étions encore sans force, Christ, au temps marqué, est mort pour des impies. A aucun moment malgré les défaillances, le projet ne fut abandonné, « un sacrifice » fut toujours pourvu pour que la marche se poursuive. Quand Adam tomba, c'est Dieu qui pourvut au sacrifice de communion.

L'homme qui se trouve au niveau des sarments est une prière en sa diversité. L'homme est une ville aux douze entrées. En détenant les clés des douze portes, c'est la cité de Dieu que l'homme commande. Il lui est donc fait injonction de s'en tenir à son instruction. Job 5:17 Heureux l'homme que Dieu châtie ! Ne méprise pas la correction du Tout-Puissant. Le bâton de la correction est pour son bien.

Ge 17:1 Lorsque Abram fut âgé de quatre-vingt-dix-neuf ans, l'Eternel apparut à Abram, et lui dit : ***« Je suis le Dieu tout-puissant. Marche devant ma face, et sois intègre.*** »
Nous sommes au quatrième jour… Cette injonction est une prière, une obéissance attendue mais surtout un programme de vie (des faire) dont la source se trouve dans la matrice. Le fruit de l'intégrité ne saurait sortir qu'après 7 temps de consécration ou d'éducation.
Eph 2:10 Car nous sommes son ouvrage (sa fabrication), ayant été créés en Jésus-Christ pour de bonnes œuvres (la Médiature ou sacrifice), que Dieu a préparées d'avance, afin que nous les pratiquions (manifester son propre état par amour).
Nous le notons, il n'y a aucune parole qui ne mette en œuvre les trois de la Matrice.
Ce que Dieu veut, c'est un Beth, une maison remplie de fils et de filles, en tous points semblables à Lui.

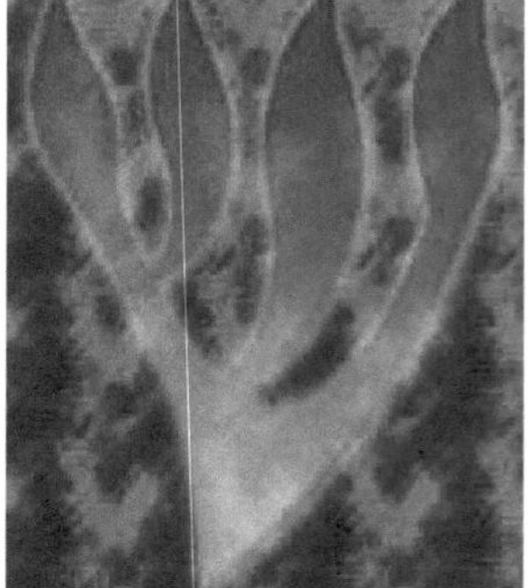

Nous avons une puissance qui est attendue… la Puissance de la terre. Es 45:18 Car ainsi parle l'Eternel, Le créateur des cieux, le seul Dieu, Qui a formé la terre, qui l'a faite et qui l'a affermie, ***Qui l'a créée pour qu'elle ne fût pas déserte, Qui l'a formée pour qu'elle fût habitée*** : Je suis l'Eternel, et il n'y en a point d'autre.
La puissance attendue est confinée dans l'Ecriture du Shin-quatre ou à « quatre dents ». Une dernière branche sera marcottée sur le Shin, c'est branche pousse sur la troisième branche du Shin comme portée par Saint-Esprit lui-même. C'est pourquoi nous nommons l'homme fait, « les hommes de Saint-Esprit ».
C'est pourquoi…***Phi 1:6 Je suis persuadé que celui qui a commencé en vous cette bonne œuvre la rendra parfaite pour le jour de Jésus-Christ***.

Les co-auteurs… fabricants humains
Dieu… ou Aleph… Au commencement de tout projet.
Bien entendu c'est Genèse qui nous fournit le plus d'information.
Dieu… Elohim…, unique et pluriel dans sa forme comme s'il y en avait plusieurs.
Ge1:26 Puis Dieu dit : « Faisons l'homme à notre image », selon notre ressemblance…
La notion traduit ici, le souci de la corporation, du corps. L'homme, l'employé ne peut s'y soustraire : Ecc 4:9 *Deux valent mieux* qu'un, parce qu'ils retirent un bon salaire de leur travail. Nom 11:14 Je ne puis pas, à moi seul, porter tout ce peuple, car il est trop pesant pour moi.

L'homme est fait pour être ajouté à une équipe. C'est un enrôlé. C'est la vison première de son façonnement. L'homme lui-même pour réussir la domination doit être pluriel, c'est le « multipliez-vous ».

En Mal 3 :18... Et vous verrez de nouveau la différence Entre le juste et le méchant, Entre celui qui sert Dieu Et celui qui ne le sert pas...
Une relation est présentée par le prophète : Père, Seigneur, Dieu et Juge.
Les appellations « de la divinité » comportent
Des formes simples : El, Elah, Elohim. Yaweh, Adonai.
Des formes composées avec El : El schaddaï, El Olam, El Gibbor
Des formes composées avec YHWH ou Eternel : Eternel Dieu, Eternel des armées, Seigneur Eternel...
La chose parait anodine, mais Dieu ne plaisante pas à se donner des noms pour l'effet.
Nous y Découvrons, le fondateur ou la source, le rédempteur ou le fils, le Souverain Seigneur ou celui qui règne à toujours avec force et puissance ou Saint-Esprit.
Encore une fois en ses Noms, sont révélés le Père, le Fils et Saint-Esprit. Pour dire que pour servir Dieu, il faut le connaître en ce qu'il nous révèle de Lui. Non il n'y a pas plusieurs dieux, mais un seul qui nous est révélé : 1 Jean 5:20 Nous savons aussi que le Fils de ***Dieu*** *est venu, et qu'il nous a donné l'intelligence pour connaître le* ***Véritable*** *; et nous sommes dans le* ***Véritable****, en son Fils Jésus-Christ. (5-21) C'est lui qui est le* ***Dieu véritable****, et la vie éternelle.*
Cela le nouveau recruté doit le savoir. Dieu est Père, Dieu est sacrifice, Dieu est juge.
Am 3:3 Deux hommes marchent-ils ensemble, Sans en être convenus ?
1 Jn 1:3 ce que nous avons vu et entendu, nous vous l'annonçons, à vous aussi, afin que vous aussi vous soyez en communion avec nous. Or, (nous les hommes) notre communion est avec le Père et avec son Fils Jésus-Christ.
Attention Saint-Esprit est ici l'élément qui motive la communion, étant l'esprit de tous ceux réunis.

Dieu est notre mandant... l'homme, le héros de Dieu.
Es 6:8 J'entendis la voix du Seigneur, disant : Qui enverrai-je, et qui marchera pour nous ? Je répondis : Me voici, envoie-moi.
C'est la révélation du deuxième livre d'Aleph. Dieu a un besoin. Dieu cherche un envoyé. Psa 139:15 Mon corps n'était point caché devant toi, Lorsque j'ai été fait dans un lieu secret, Tissé dans les profondeurs de la terre. L'homme est un esprit envoyé dans un corps.
Si nous avons compris « le souci du corps ou de l'Equipe », il nous faut y ajouter : « le sacrifice de l'envoyé ».
Encore une fois, « ***le terme marcher*** » indique une mission périlleuse. L'on cherche un héros pour défendre un camp. 1 Sam 17:8 ... Choisissez un homme qui descende

contre moi ! 1 Sam 17:9 S'il peut me battre et qu'il me tue, nous vous serons assujettis ; mais si je l'emporte sur lui et que je le tue, vous nous serez assujettis et vous nous servirez.
En vue : le souci de la Domination. Qui triomphe aura la domination.

Lorsque Dieu nous envoya dans le monde de Goliath, ***pour l'exercice*** parce que la Véritable bataille vient…, il planta sous nos pieds un Jardin : Eden. Eden a surgit dans un milieu où régnait déjà la corruption, comme nous sommes planté dans le monde mais nous ne sommes pas du monde. Et chaque action de notre survie est une bataille remportée.
Néh 9:25 Ils devinrent maîtres de villes fortifiées et de terres fertiles ; ils possédèrent des maisons remplies de toutes sortes de biens, des citernes creusées, des vignes, des oliviers, et des arbres fruitiers en abondance ; ils mangèrent, ils se rassasièrent, ils s'engraissèrent, et ils vécurent dans les délices par ta grande bonté.
Eden était une provision pour la victoire.
Ps 119:92 Si ta loi n'eût fait mes délices, J'eusse alors péri dans ma misère.
Prov 29:17 Châtie ton fils, et il te donnera du repos, Et il procurera des délices à ton âme.
Tous ce que nous avons dans le présent. Tout ce que nous subissons dans les épreuves… ne sont que des exercices pour une guerre à venir…
Aujourd'hui encore, en installant par Saint-Esprit l'amour de sa Parole en nos cœurs, nous avons notre provision pour la victoire. Personne ne saura par ses discours flatteurs nous assujettir. Et notre enlèvement prochain est le gage de notre certification finale pour ce jour qui vient.
Ps 119:9 Comment le jeune homme rendra-t-il pur son sentier ? En se dirigeant d'après ta parole.
Eden était une suite de préceptes à observer en vue de vaincre. Au centre des commandements, il y a « garde et cultive ta femme ». Oui soignez votre relation avec votre équipier. « Deux valent mieux qu'un ». Le collège des anciens, pasteurs, anciens diacres, doit marcher de concert pour la victoire. Comme les doigts de la main chacun doit « faire son petit métier » en surmontant les contrefaçons.
Ap 2:20 Mais ce que j'ai contre toi, c'est que « tu laisses » la femme Jézabel, qui se dit prophétesse, ***enseigner et séduire mes serviteurs***, pour qu'ils se livrent à l'impudicité et qu'ils mangent des viandes sacrifiées aux idoles. Il y a des « tolérances » qui conduisent à la disqualification. Il y a des « permissions » dont il faut se garder.
1 Tim 4:16 Veille sur toi-même et sur ton enseignement ; persévère dans ces choses, car, en agissant ainsi, tu te sauveras toi-même, et tu sauveras ceux qui t'écoutent.

Adam, ce genre humain, de la terre, a l'aspect d'une ville fortifiée. L'homme doit veiller à ses portes et la ville en compte douze. Ce sont les douze lettres de « l'aleph

beth » désignant les tribus. Douze implique l'idée du corps : tu m'as fait un corps… pour vaincre…
Jos 23:11 Veillez donc attentivement sur vos âmes, afin d'aimer (ou ne pas trahir) l'Eternel, votre Dieu.
Attention aux intrus !

L'homme un serviteur oint… pour servir à l'Evangile de Dieu.

Rom 1:1 Paul, serviteur de Jésus-Christ, appelé à être apôtre, mis à part pour annoncer l'Evangile de Dieu,
Quand Dieu dresse Adam, quand il l'éduque c'est pour qu'il serve à relever les défis. « Pour servir l'Evangile de Dieu ». La bonne nouvelle est de Dieu et elle est destinée à toute sa création sans favoritisme. Ce que Dieu veut, c'est que tous soient sauvés. Donc point de népotisme dans le service. Toute la création est englobée dans ce salut : Rom 8:22 Or, nous savons que, jusqu'à ce jour, la création tout entière soupire et souffre les douleurs de l'enfantement. Tout ce que Dieu a mis en place dans Genèse chapitre 1 a été soumis au pouvoir du mal et attend sa délivrance. Et c'est l'homme qui a été chargé d'apporter la bonne nouvelle à toute la création.
Et pour travailler aux choses de Dieu, il faut être oint par son Esprit. C'est le troisième ajout : la rigueur dans le travail, la manifestation de l'amour. 1 Cor 13:5 elle ne fait rien de malhonnête, elle ne cherche point son intérêt, elle ne s'irrite point, elle ne soupçonne point le mal,
C'est lui qui envoie des « hommes vêtus » pour un but.
Eph 4:11 Et il a donné les uns comme apôtres, les autres comme prophètes, les autres comme évangélistes, les autres comme pasteurs et docteurs,

L'onction et la sanctification…

Rom 1:7 à tous ceux qui, à Rome, sont bien-aimés de Dieu, appelés à être saints (ou saints par vocation)…
L'onction vient avec la provision. Dieu vous met-il à part ? Il fournit aussi tout le contenu de votre mission. Vous êtes la bouche, Il demeure la Parole.
« Paul mis à part… » C'est cela l'onction, le mandat. 1 Cor 1:26 Considérez, frères, que parmi vous qui avez été appelés il n'y a ni beaucoup de sages selon la chair, ni beaucoup de puissants, ni beaucoup de nobles.
L'appel de Dieu me semble ne tenir compte que du bon vouloir de Dieu. Et ses critères nous dépassent. Et souvent les agissements « des serviteurs de Dieu » sont pour nous des sujets de scandale. Nom 12:1 Marie et Aaron parlèrent contre Moïse au sujet de la femme éthiopienne qu'il avait prise, car il avait pris une femme éthiopienne.
Cette provocation, ce dénigrement… irrita Dieu. Nom 12:8 Je lui parle bouche à bouche, je me révèle à lui sans énigmes, et il voit une représentation de l'Eternel. Pourquoi donc n'avez-vous pas craint de parler contre mon serviteur, contre Moïse ?

Pour nous, il apparaît évident que… Tout mandaté a la caution de Dieu… et des avantages « discutables ». mais quand vous êtes appelés, vous ne pouvez plus faire selon votre tête, il faut suivre le cahiers des charges.
1 Sam 25:39 David apprit que Nabal était mort, et il dit : Béni soit l'Eternel, qui a défendu ma cause dans l'outrage que m'a fait Nabal, et qui a empêché son serviteur de faire le mal ! L'Eternel a fait retomber la méchanceté de Nabal sur sa tête. David envoya proposer à Abigaïl de devenir sa femme.
Si les rois de la terre ont des privilèges étendus… nous en avons bien plus encore : « Tout est à nous ». Mais nous ne devons pas les copier ou les plagier, nous observerons notre Loi.

Malgré cela… « Tous sont appelés à être saints »…
La sanctification est un équipement. Lév 11:45 Car je suis l'Eternel, qui vous ai fait monter du pays d'Egypte, pour être votre Dieu, et pour que vous soyez saints ; car je suis saint. La sanctification est un projet. Elle a un point de départ et des montages cultuels dans la suite. 1 Pie 1:15 Mais, puisque celui qui vous a appelés est saint, vous aussi soyez saints dans toute votre conduite. Notre conduite suggère notre marche de tous les jours et les choses qui occupent nos journées. Nous veillerons alors à chaque instant à ne point succomber aux désirs de la chair, à la tentation quotidienne de renier Dieu.
Jean 13:10 Jésus lui dit : Celui qui est lavé n'a besoin que de se laver les pieds pour être entièrement pur ; et vous êtes purs, mais non pas tous.
1 Thes 5:23 Que le Dieu de paix vous sanctifie lui-même tout entiers, et que tout votre être, l'esprit, l'âme et le corps, soit conservé irrépréhensible, lors de l'avènement de notre Seigneur Jésus-Christ ! 24 Celui qui vous a appelés est fidèle, et c'est lui qui le fera.

Le « Mem » et l'homme.
L'homme, ce projet, subit sa deuxième transformation sous la houlette du « Mem » la deuxième lettre de la matrice. N'oublions pas : « Adamah, est l'être de la terre, on lui donnera l'aspect d'une ville ».
« Le Mem », il m'apparait comme un tronc : je suis le cep, Jn 15. Il est le canal principal de toutes les grâces de Dieu. Il est à lui seul tous les noms composés de Dieu avec « Jéhovah ». Il est les « sept programmes rédempteurs » de Dieu. Il est le Rédempteur. Ailleurs, il est le divin architecte…le meilleur pour bâtir la ville que nous attendons tous. Ou encore… Jean 1:3 Toutes choses ont été faites par elle, et rien de ce qui a été fait n'a été fait sans elle. En dehors du Mem le projet est voué à l'échec.
Le « Mem », lettre 13, est de la matrice… sa valeur numérique est de 40. Il trouve son pendant dans le « Dalet, le 4 ou la porte » et le « Tav, 400, ou la croix ». Il est la puissance des eaux… le déluge qui juge ou qui sauve comme au temps de Noé. Il est Celui qui justifie ou qui juge.

1 Tim 2:5 Car il y a un seul Dieu, et aussi un seul médiateur entre Dieu et les hommes, Jésus-Christ homme,

Les Annales… 1 Chronique est le fondement de cette parole*…* le projet.
1- Le livre des généalogies*.* C'est le livre du rappel des « racines » pour situer les évènements présents. En passant par Abraham, le livre remonte à Adam.
Il y a un contexte, la déportation à Babylone. 2Rois 25 :30. Le Mem intervient au moment de la disgrâce pour recadrer.
Il y a un but. Rappel de la fidélité de Dieu. Malgré le temps d'errance à Nod, le projet ne prend pas fin ou ne se plantera. « Vous êtes le peuple de Dieu », c'est juré.
1 Jn 3:2 Bien-aimés, nous sommes *maintenant enfants de Dieu,* et ce que nous serons n'a pas encore été manifesté ; mais nous savons que, lorsque cela sera manifesté, nous serons semblables à lui, parce que nous le verrons tel qu'il est.
Lorsque tout devient si pénible, si angoissant, le remède se trouve dans le recours à la Parole. « Sondez vos cœurs ! » « Réveillez votre mémoire ! » Souvenez-vous des promesses qui ont boosté vos premiers pas !
Ap 2:4 Mais ce que j'ai contre toi, c'est que tu as abandonné ton premier amour.

2- Le livre raconte l'épopée d'un homme*.* Mais passe sous silence ses bévues.
C'est le livre du témoin de Dieu au sujet d'un homme : David.
Il est fait mention de ses succès de son obéissance, mais ses tares au sujet de la femme d'Urie sont passées sous silence. Nous avançons et les incidents du parcours ne sont pas cochés, seules les œuvres ou les exploits sont notés.
Héb 11:32 Et que dirai-je encore ? Car le temps me manquerait pour parler de Gédéon, de Barak, de Samson, de Jephthé, de David, de Samuel, et des prophètes,
Ils…Héb 11:34 éteignirent la puissance du feu, échappèrent au tranchant de l'épée, guérirent de leurs maladies, furent vaillants à la guerre, mirent en fuite des armées étrangères…
Il n'est pas fait mention de la bévue de Samson de son copinage avec Délila qui le perdit. Encore une fois, ce n'est pas votre biographie propre qui émeut Dieu… Dieu sait écrire… le livre votre vie. Il sait les actions qu'il comptabilisera à votre profit.
Comme Josué qui parachève l'œuvre de Moïse, Salomon finit la mission de David père. Ses fautes, son idolâtrie sont ignorées.
Paul dira à Timothée : 1 Tim 6:12 ***Combats le bon combat de la foi***, saisis la vie éternelle, à laquelle tu as été appelé, et pour laquelle tu as fait une belle confession en présence d'un grand nombre de témoins. Va à l'essentiel !
Surtout « que personne ne méprises ta jeunesse », « avec ses bévues ». Garde la foi.
Malgré « mon écharde »… 2 Tim 4:*7* ***J'ai combattu le bon combat, j'ai achevé la course, j'ai gardé la foi.***

C'est le livre soulignant l'importance d'un Avocat…le Paraclet.

1 Jn 2:1 « Mes petits enfants », je vous écris ces choses, afin que vous ne péchiez point. Et si quelqu'un a péché, nous avons un avocat auprès du Père, Jésus-Christ le juste. Ne nous attardons pas sur les choses qui alimentent le foyer de la culpabilité. Va de l'avant ! Pro 24:16 Car sept fois le juste tombe, et il se relève, Mais les méchants sont précipités dans le malheur.
1 Cor 14:20 Frères, ne soyez pas des enfants sous le rapport du jugement ; mais pour la malice, soyez enfants, et, à l'égard du jugement, soyez des hommes faits.
Deux aspects salutaires, dans cette marche chaotique : l'Avocat…, pour que le péché de l'enfance ne nous empêche pas d'avancer. C'est une réalité avérée que tous « nous bronchons, d'une manière ou d'une autre… ». Dire que nous sommes sans péché, c'est aller contre la Vérité de Dieu.
Oh… mais « la victoire qui triomphe du péché, c'est notre foi ».
Le Paraclet… est une référence à Saint-Esprit… « Evocation de l'immunité diplomatique »…
« Nous ne sommes pas du monde… » Et personne en douane « n'a intérêt à fouiller nos valises ». Aussi notre défense ou notre attaque ne peut être annulée par une quelconque accusation ou preuve. « Qui accusera les « Elus de Dieu »… c'est Dieu qui justifie.
Ps 100:3 Sachez que l'Eternel est Dieu ! C'est lui qui nous a faits, et nous lui appartenons ; Nous sommes son peuple, et le troupeau de son pâturage.

3- La construction d'un temple…
L'Edification du « Beth de Dieu… » La formation d'un peuple de sacrificateurs dans l'ordre de Melchisédech… Voilà ce que « nous serons », « Officiants » devant Dieu. Voilà ce qui justifie… « Les exercices de la piété ».
Les préparatifs…outre les plans remis à Salomon…, 1Chro 29 :6-8, la libéralité du peuple fut sollicitée selon le modèle de Dieu. 1 Chro 28:19 C'est par un écrit de sa main, dit David, que l'Eternel m'a donné l'intelligence de tout cela, de tous les ouvrages de ce modèle.
La libéralité…, mot signifiant dons volontaires ou offrandes…, n'est pas à confondre avec l'exercice de la dîme. Car ce n'est pas avec la dîme que l'on bâtit un temple. La dîme est pour le sacrifice, pour la consolidation de la communion du peuple de Dieu. C'est le repas du Seigneur.
Mal 3:8 Un homme trompe-t-il Dieu ? Car vous me trompez, Et vous dites : En quoi t'avons-nous trompé ? ***Dans les dîmes et les offrandes***.
C'est aussi la cupidité qui nous conduit aux confusions et discussions. La dîme a prévalu sous la dispensation de la loi, les libéralités ont l'exclusivité sous la dispensation de l'Eglise. Les approches semblent différentes mais le but demeure : l'unité du troupeau de Dieu
Le personnel…1 Chro 29:1 Le roi David dit à toute l'assemblée: Mon fils Salomon, le seul que Dieu ait choisi, est jeune et d'un âge faible, et l'ouvrage est considérable, car ce palais n'est pas pour un homme, mais il est pour l'Eternel Dieu.

La communauté des frères est une idée de Dieu. Ici elle se justifie par :
La jeune et l'ignorance du jeune serviteur, allusion à l'enfance. Et tout serviteur de Dieu « est jeune », c'est pourquoi il a besoin d'être entouré.
L'immensité de l'œuvre ; la moisson est grande mais les ouvrier sont peu nombreux.
Le destinataire, Dieu. « Nous travaillons avec Dieu, pour Dieu ». Un seul est le maître d'œuvre, un seul a commandé ce que nous faisons.
Rom 12:3 Par la grâce qui m'a été donnée, je dis à chacun de vous de n'avoir pas de lui-même une trop haute opinion, mais de revêtir des sentiments modestes, selon la mesure de foi que Dieu a départie à chacun. Evitons de vouloir être « des héros solitaires ».

Matt 9:37 Alors il dit à ses disciples : La moisson est grande, mais il y a peu d'ouvriers.
Matt 10:1 Puis, ayant appelé ses douze disciples, il leur donna le pouvoir de chasser les esprits impurs, et de guérir toute maladie et toute infirmité.
« Paissons le troupeau de Dieu » de manière à faire de chacun d'eux des ouvriers plus « efficaces que nous ».
Jn 14:12 En vérité, en vérité, je vous le dis, celui qui croit en moi fera aussi les œuvres que je fais, ***et il en fera de plus grandes***, parce que je m'en vais au Père ;
Que donc Elie, produise Elisée : une portion double.
Le travail des ouvriers se fera sous le regard.... Héb 12:1 Nous donc aussi, puisque nous sommes ***environnés d'une si grande nuée de témoins***, rejetons tout fardeau, et le péché qui nous enveloppe si facilement, et courons avec persévérance dans la carrière qui nous est ouverte,
Nous avons alors à travailler en appliquant la manière recommandée. Ces témoins sont tous ceux qui courent aussi pour remporter la domination du monde. Ce sont aussi nos partenaires qui avec nous courent dans la même carrière espérant pour chacun de remporter le prix de la vocation céleste. Ces sont aussi nos ennemis qui voudraient voir la mission échouée. C'est pourquoi nous veillerons... Prov 25:21 Si ton ennemi a faim, donne-lui du pain à manger ; S'il a soif, donne-lui de l'eau à boire.
Si ton partenaire tombe en chemin tu lui porteras assistance et tu veilleras à son rétablissement et vous reprendrez la course ensemble.
1 Cor 7:36 Si quelqu'un regarde comme déshonorant pour sa fille de dépasser l'âge nubile, et comme nécessaire de la marier, qu'il fasse ce qu'il veut, il ne pèche point ; qu'on se marie. Il nous faut résoudre le problème qui empêche l'autre d'avancer efficacement.
Nous ne pouvons pas bâtir la communauté de Dieu en méprisant « certaines recommandations ». Ne pas appliquer les règles de la course vous expose à la disqualification. Pour vous vous serez sauvé mais comme au travers du feu.

L'organisation cultuelle...et le rôle de la femme.

Luc 8:3 Jeanne, femme de Chuza, intendant d'Hérode, ***Susanne, et plusieurs autres, qui l'assistaient de leurs biens.***
Mais aucune d'elles ne fut associée « aux douze disciples », aux services du culte. « 1 Tim 2:12 Je ne permets pas à la femme d'enseigner, ni de prendre de l'autorité sur l'homme ; mais elle doit demeurer dans le silence », n'est pas une idée de Paul, mais une disposition écrite dans le plan pour la victoire.
Nous y avons le choix de Jérusalem, l'élection des Lévites destinés à servir devant le coffre de l'alliance. Les autres travailleront dans leur champ pour pourvoir aux besoins du temple : dîme, offrandes, libéralités.
Notre part à nous, c'est de servir selon le modèle établi. Autrement, nous portons « l'arche sur un char de bœuf » avec les mêmes conséquences qui frappèrent Uzza. Dieu demeure fidèle à ses promesses pas en dehors d'elles.

Même parmi les lévites, la répartition est bien faite. Nous avons la famille d'Aaron détentrice exclusive de la sacrificature, là se trouvait le souverain sacrificateur.
Les Guerschonites, « le répudié ou le banni », premier-né de Lévi. Nom 4:27 Dans leurs fonctions, les fils des Guerschonites seront sous les ordres d'Aaron et de ses fils, pour tout ce qu'ils porteront et pour tout le service qu'ils devront faire ; vous remettrez à leurs soins tout ce qu'ils ont à porter.
Ils étaient au cœur de l'adoration. Mais aucun d'eux ne fut commis à la fonction de sacrificateur.
Les Kehathites, « assemblée », le 2ème fils de Lévi avait une fonction autre. Nom 10:21 Les Kehathites partirent, portant le sanctuaire ; et l'on dressait le tabernacle en attendant leur arrivée.
Les Merarites, « amer, triste », 3ème fils de Lévi. Ils n'avaient pas droit au lieu saint. 2 Chro 29:16 Les sacrificateurs entrèrent dans l'intérieur de la maison de l'Eternel pour la purifier ; ils sortirent toutes les impuretés qu'ils trouvèrent dans le temple de l'Eternel et les mirent dans le parvis de la maison de l'Eternel, où les Lévites les reçurent pour les emporter dehors au torrent de Cédron.
La marche dans le désert se faisait selon un ordre bien défini. Nous n'avons pas le droit de dire que c'est de l'ancien et que dans le nouveau « chacun peut s'arroger la place qui lui convient ».
Notre aspiration au réveil doit tenir compte de l'ordre cultuel. Dieu ne se révèle pas dans le désordre et l'indiscipline.
1 Cor 14:33 car Dieu n'est pas un Dieu de désordre, mais de paix. Comme dans toutes les Eglises des saints,
La grâce de Dieu n'est pas une invitation au désordre. Pro 15:5 L'insensé dédaigne l'instruction de son père, Mais celui qui a égard à la réprimande agit avec prudence.
Jn 5:17 Mais Jésus leur répondit : Mon Père agit jusqu'à présent ; moi aussi, j'agis.
Oh… Non. Ne croyez pas que Jésus avait reçu onction pour n'en faire qu'à sa tête.

Habakuk… est l'autre livre d'ordre prophétique qui souligne le caractère du « Mem… ».
Hab 1:1 Oracle révélé à ***Habakuk***, le prophète.
Ps 4:6 Plusieurs disent : Qui nous fera voir le bonheur ? Fais lever sur nous la lumière de ta face, ô Eternel !
Habakuk… « Embrasser », « amour », révèle l'homme Jésus. Il s'agit d'embrasser, non dans le sens de se croiser les mains dans l'oisiveté… mais d'entrelacer, de couvrir, de protéger, de soigner : Cant 2:6 Que sa main gauche soit sous ma tête, Et que sa droite m'embrasse !
Embrasser…Serrer dans ses bras, caresse qui est souvent accompagnée d'un baiser. Il embrassa son père avec effusion. En arrivant, il embrassa sa femme et ses enfants. Formules de salutation épistolaire. Je vous embrasse de tout cœur. Je vous embrasse tendrement. 1 Tim 6:12 Combats le bon combat de la foi, saisis la vie éternelle, à laquelle tu as été appelé, et pour laquelle tu as fait une belle confession en présence d'un grand nombre de témoins. Et l'on ne peut embrasser deux maîtres. L'on ne peut courir après deux lièvres. D'un côté vous avez les « désirs de la chair et de l'autre vous avez « le fruit de l'esprit ». Vous ne pouvez enlacer les deux à la fois. Vous avez le choix de « traiter durement votre corps », de l'assujettir. 1 Cor 9:27 Mais je traite durement mon corps et je le tiens assujetti, de peur d'être moi-même rejeté, après avoir prêché aux autres.
Assujettir … est le commandement avant la domination. Assujettir ou labourer, travailler à la soumettre en lui refusant les choses désirées. Nous savons que le corps dans ses désirs produit les manifestations de la chair lorsque nous y accordons assentiment : « Or, les œuvres de la chair sont manifestes, ce sont l'impudicité, l'impureté, la dissolution, l'idolâtrie, la magie, les inimitiés, les querelles, les jalousies, les animosités, les disputes, les divisions, les sectes, l'envie, l'ivrognerie, les excès de table, et les choses semblables ». 1 Tim 5:25 De même, les bonnes œuvres sont manifestes, et celles qui ne le sont pas ne peuvent rester cachées. Les œuvres que nous aurons à embrasser domineront notre caractère et forgerons notre personnalité. Embrasser…se dit, par extension, de tout ce qu'on serre, saisit avec les bras, soit que les bras entourent ou n'entourent pas.
Jésus nous en donne l'exemple : Phil 2:6 lequel, existant en forme de Dieu, n'a point regardé comme une proie à arracher d'être égal avec Dieu,… c'est le choix d'une âme d'homme. Tout est permis mais tout ne construit pas.

Dan 12:7 Et j'entendis l'homme vêtu de lin, qui se tenait au-dessus des eaux du fleuve ; ***il leva vers les cieux sa main droite et sa main gauche, et il jura par celui qui vit éternellement*** que ce sera dans un temps, des temps, et la moitié d'un temps, et que toutes ces choses finiront quand la force du peuple saint sera entièrement brisée.

L'Oracle ou la proclamation est un serment… « Dieu jure par lui-même » et « fait une promesse solennelle »… de dérouler tout ce qui est en son pouvoir d'accomplir le projet sorti de lui.
Ici nous sommes en « l'homme du milieu » : c'est notre âme qui promet devant Dieu. …2 Tim 2:13 si nous sommes infidèles, il demeure fidèle, car il ***ne peut se renier*** lui-même… Deut 23:21 Si tu fais un vœu à l'Eternel, ton Dieu, tu ne tarderas point à l'accomplir: car l'Eternel, ton Dieu, t'en demanderait compte, et tu te chargerais d'un péché.
Voilà l'homme Habakuk.
« Oh… mon Dieu, Rends moi capable d'être capable de t'honorer à tous Egards »

Le contexte de la prophétie nous situe à l'époque de Jérémie, à l'invasion des Babyloniens, au règne de Nebucadonosor… une grande partie du peuple était déjà en captivité… c'est la déportation. Il y a les gens du monde et « les déportés dans le monde ». il y a déjà ceux dans la servitude et ceux qui professent… 1 Cor 6:12 Tout m'est permis, mais tout n'est pas utile ; tout m'est permis, mais je ne me laisserai asservir par quoi que ce soit. Ceux qui auront la force de caractère pour embrasser les œuvres de l'esprit malgré les propositions de l'environnement.
Luc 12:30 Car toutes ces choses, ce sont les païens du monde qui les recherchent. Votre Père sait que vous en avez besoin.
Jean 17:18 Comme tu m'as envoyé dans le monde, je les ai aussi envoyés dans le monde.

Le livre dévoile des mystères… des questions existentielles… A comprendre que :
Dieu peut tolérer l'injustice… ? Hab 1:4 Aussi la loi n'a point de vie, La justice n'a point de force ; Car le méchant triomphe du juste, Et l'on rend des jugements iniques. Pourquoi les impies prospèrent-ils ? Au point que le peuple de Dieu les envie. Mais il n'y a pas de « comparaison possible »… nous sommes dans un monde qui n'est pas le nôtre… c'est inutile de vouloir être comme eux, d'en attendre justice et protection. Le monde et tout ce qui est dans le monde est sous la domination de Satan. Ce qui s'y pratique n'est pas le vouloir de Dieu. Dieu a prévu y mettre fin à l'avènement des nouveaux cieux et de la nouvelle terre où la justice ou « le juste » règnera. Pour l'heure « nous sommes dans le monde », nous subissons tout le système mis en place par son régisseur, ces écoles, ces hôpitaux, sa police. Et il nous est rappelé de nager à contre-courant. Deut 18:14 Car ces nations que tu chasseras écoutent les astrologues et les devins ; mais à toi, l'Eternel, ton Dieu, ne le permet pas.
Dieu utilise le juste comme un appât… Amos 3:3 Deux hommes marchent-ils ensemble, Sans en être convenus ?
La marche avec Dieu est une convention. C'est volontairement que Dieu nous sème dans un monde dont le système nous est hostile. L'éducation, la santé, la monnaie, le marché sont mis en place par son gouverneur du moment. C'est un système de

gestion basé sur le mensonge et la prestidigitation et l'ordre que nous avons reçu n'est pas de le suivre mais de le combattre, de dévoiler son extorsion, de réclamer restitution. Inévitablement, c'est la guerre dont le point culminant est le Jour du Seigneur. Zach 12:9 En ce jour-là, Je m'efforcerai de détruire toutes les nations Qui viendront contre Jérusalem.
Jérusalem, Israël est le type de l'homme planté dans le monde qui refuse le système du monde et ses ennemis sont nombreux.
Am 3:4 Le lion rugit-il dans la forêt, Sans avoir une proie ? Le lionceau pousse-t-il des cris du fond de sa tanière, Sans avoir fait une capture ?
Jean 15:19 Si vous étiez du monde, le monde aimerait ce qui est à lui ; mais parce que vous n'êtes pas du monde, et que je vous ai choisis du milieu du monde, à cause de cela le monde vous hait.
C'est « notre pauvreté », notre refus de nous enrichir en utilisant leurs procédés qui attise leur arrogance. Lorsqu'on considère… 2 Cor 6:8 au milieu de la gloire et de l'ignominie, au milieu de la mauvaise et de la bonne réputation ; étant regardés comme imposteurs, quoique véridiques ;… 9 comme inconnus, quoique bien connus ; comme mourants, et voici nous vivons ; comme châtiés, quoique non mis à mort ;…
Ainsi qu'il est écrit…Héb 13:13 Sortons donc pour aller à lui, hors du camp, en portant son opprobre. C'est un choix qui constamment nous est demandé : souscrire à ce que Dieu veut.
Notre engagement avec Jésus comporte la clause de l'humiliation. Luc 16:20 Un pauvre, nommé Lazare (Dieu a secouru, Dieu protège), était couché à sa porte, couvert d'ulcères,… Lazare était en haillons mais protégé de Dieu. Le mode de vie que Dieu nous commande fait partie de notre convention. Nous avons signé par le sang, nous avons une alliance de sang : il a donné son sang, nous devons donner notre sang : 1Jean 2:15 N'aimez point le monde, ni les choses qui sont dans le monde. Si quelqu'un aime le monde, l'amour du Père n'est point en lui ;

Dieu punit le méchant par plus méchant que lui…Hab 1:6 Voici, je vais susciter les Chaldéens, Peuple furibond et impétueux, Qui traverse de vastes étendues de pays, Pour s'emparer de demeures qui ne sont pas à lui. Les guerres que nous traversons sont le fruit d'un monde en désaccord avec lui-même. Ce sont des nations gouvernées par Satan qui s'élèvent contre des nations gouvernées par Satan. Tous en réalité sont sous la puissante main de Dieu qui en fait ses serviteurs. Satan est lui-même un serviteur de Dieu.
Les méchants sont « la verge de la colère de Dieu ». Face à l'idolâtrie de son Eglise Dieu suscitera la persécution des antéchrists…
Cela aussi rend perplexe le prophète…
Hab 1:13 Tes yeux sont trop purs pour voir le mal, Et tu ne peux pas regarder l'iniquité. Pourquoi regarderais-tu les perfides, et te tairais-tu, Quand le méchant dévore celui qui est plus juste que lui ?

Dieu fera prospérer le méchant que vous détester au lieu de bénir… pour vous soigner. « Bénissez… ne maudissez pas ! » comme il est écrit : Rom 12:20 Mais si ton ennemi a faim, donne-lui à manger ; s'il a soif, donne-lui à boire ; car en agissant ainsi, ce sont des charbons ardents que tu amasseras sur sa tête. Non en toute chose ne vous lamentez pas mais au contraire rendez gloire à Dieu. Embrassez la volonté de Dieu même si elle est différente de la vôtre. C'est ainsi que Dieu forge notre caractère.

Le jugement des méchants… Hab 2:2 L'Eternel m'adressa la parole, et il dit : Ecris la prophétie : ***Grave-la sur des tables, Afin qu'on la lise couramment.***
Hab 2:6 Ne sera-t-il pas pour tous un sujet de sarcasme, De railleries et d'énigmes ? On dira: Malheur à celui qui accumule ce qui n'est pas à lui ! Jusques à quand ? … Malheur à celui qui augmente le fardeau de ses dettes !
Le méchant « prospère » « il augmente le fardeau de ses dettes », apparemment il paraît avoir roue libre pour faire ce qu'il fait, mais chaque pas qu'il pose renforce son jugement hâte l'avènement du jour du Seigneur. Apparemment nous identifions les hommes en deux groupes : les propriétaires et les locataires, mais en réalité il n'y a pas de propriétaire, tous sont locataires et tous devrons un jour rendre compte au seul propriétaire.
Il n'y a aucun méchant, dans l'ordre de Babylone, qui échapperait à son jugement. « L'âme qui pèche, mourra… » Hab 2:8 Parce que tu as pillé beaucoup de nations, Tout le reste des peuples te pillera ; Car tu as répandu le sang des hommes, Tu as commis des violences dans le pays, Contre la ville et tous ses habitants.

La chute de Babylone était ainsi proclamée… et Dieu la fit tomber… comme tombera celle à venir…Jér 50:2 Annoncez-le parmi les nations, publiez-le, élevez une bannière ! Publiez-le, ne cachez rien ! Dites : Babylone est prise ! Bel est confondu, Merodac est brisé ! Ses idoles sont confondues, ses idoles sont brisées !
Babylone…, c'est le monde de la confusion, nommée aussi la porte des cieux. C'est le système qui prône l'unité de façade qui voudra asseoir un seul gouvernant à la tête de toutes les nations, c'est le type de l'Union européenne qui voudrait étendre sa civilisation sa culture et son éducation à tous les continents. C'est Babylone qui prône l'homosexualité, les mariages à l'essai ou à la carte.
Bel…ou Baal, c'est le dieu protecteur de Babylone. C'est son enseignement et sa parole que suit Babylone. Jean 8:44 Vous avez pour père le diable, et vous voulez accomplir les désirs de votre père. Il a été meurtrier dès le commencement, et il ne se tient pas dans la vérité, parce qu'il n'y a pas de vérité en lui. Lorsqu'il profère le mensonge, il parle de son propre fonds ; car il est menteur et le père du mensonge. Bel traduit une nature, un état d'âme.
Merodac… « rébellion », « carnage, hardi »… divinité principale des Babyloniens au temps de Nebucadnetsar. C'est le faire de tous ceux qui sont de Baal. Toute leur activité est cruauté.

Ap14:8 Et un autre, un second ange suivit, en disant : Elle est tombée, elle est tombée, Babylone la grande, qui a abreuvé toutes les nations du vin de la fureur de son impudicité !
Babylone…la grande « confusion »… tous les arrogants qui se prennent pour « la porte de Dieu » tomberont plus bas que terre.
« Ne portons pas envi au méchant riche ou pauvre, son sort est scellé ».
Ps 73:18 Oui, tu les places sur des voies glissantes, Tu les fais tomber et les mets en ruines.

Le rétablissement de la justice au temps marqué…
Ps125:3 Car le sceptre de la méchanceté ne restera pas sur le lot des justes, Afin que les justes ne tendent pas les mains vers l'iniquité.
Le temps vient…une chose nouvelle est sur le point d'arriver. Hab 2:14 Car la terre sera remplie de la connaissance de la gloire de l'Eternel, Comme le fond de la mer par les eaux qui le couvrent.
Voilà un projet à mener à son terme. Que tous soient disciples de Christ. La dispensation du royaume est une démonstration de ce qui vient. Sous ce règne dit Esaïe 65:20 Il n'y aura plus ni enfants ni vieillards Qui n'accomplissent leurs jours ; Car celui qui mourra à cent ans sera jeune, Et le pécheur âgé de cent ans sera maudit. C'est un autre système d'éducation et de santé qui sera mis en place. Le mensonge a régné, ce sera le tour de la Vérité.
Connaître Christ… pas la connaissance religieux… mais le vécu de l'individu dans la foi. Puis un jour, le peuple de l'exode et celui de la déportation réunis, ce sera le gouvernement de la verge de fer et ce sera la guerre finale. Jésus sera de retour pour pacifier toute la terre.

Dans l'attente de la « venue de Dieu »… La vie par la foi…
Un homme fit une belle confession devant tous : Jos 24:***15 …Moi et ma maison, nous servirons l'Eternel.*** C'est la confession d'une volonté de l'âme d'un homme : souscrire à la voix de l'esprit.
Il jurait ainsi d'engager sa personne et sa maison à demeurer à son poste quoiqu'il en coûte. Il savait la présence et le rôle funeste…:
Des Amoréens (les diseurs ou beaux parleurs, Col 2:8 Prenez garde que personne ne fasse de vous sa proie par la philosophie et par une vaine tromperie, s'appuyant sur la tradition des hommes, sur les rudiments du monde, et non sur Christ.)
Des Phéréziens (les villageois ou le repaire des démons, de la sorcellerie), Marc 8:23 Il prit l'aveugle par la main, et le conduisit hors du village ; puis il lui mit de la salive sur les yeux, lui imposa les mains, et lui demanda s'il voyait quelque chose. Bethsaïda, demeure d'obscurité, était un village plongé dans la méconnaissance par la sorcellerie et les envoûteurs.

Des Cananéens (les hommes des basses terres, ceux qui humilient ou rabaissent), 2 Pie 3:3 sachant avant tout que, dans les derniers jours, il viendra des moqueurs avec leurs railleries, marchant selon leurs propres convoitises,
Ceux-là expriment leur mépris, vous tournent en dérision, guettent vos fautes pour vous exposer sur la place publique, dans leurs journaux.
Des Héthiens (ces terreurs, cause de consternation et d'effroi. Semant la mort physique parmi les croyants),
Matt 10:28 Ne craignez pas ceux qui tuent le corps et qui ne peuvent tuer l'âme ; craignez plutôt celui qui peut faire périr l'âme et le corps dans la géhenne.
Des Guirgasiens (demeurant sur une terre argileuse), Ps 73:2 Toutefois, mon pied allait fléchir, Mes pas étaient sur le point de glisser… C'est la connaissance qui vous fait douter de vous, qui vous plongent dans le non accompli.
Ils veulent vous voir patauger dans la boue comme des porcs. Que jamais vos progrès ne soient notables. Il y a des esprits qui aiment nous voir tourner en rond. Rom 7:24 Misérable que je suis ! Qui me délivrera du corps de cette mort ? …
Ne permettez pas à la culpabilité de triompher de vous… Christ est mort. Bien plus, il est ressuscité.
Des Héviens (d'autres villageois mais… sous des tentes) Les tentes représentent la croyance en l'enlèvement.
2 Cor 11:14 Et cela n'est pas étonnant, puisque Satan lui-même se déguise en ange de lumière.
Oh il y en a qui tout en sachant les statues interdites… Rom 1:23 et ils ont changé la gloire du Dieu incorruptible en images représentant l'homme corruptible, des oiseaux, des quadrupèdes, et des reptiles. Rom 1:32 Et, bien qu'ils connaissent le jugement de Dieu, déclarant dignes de mort ceux qui commettent de telles choses, non seulement ils les font, mais ils approuvent ceux qui les font.
Cette race-là est encore plus subtile et plus méchante que les autres. Elle conduit des milliers en enfer par la ruse et la tromperie.
Et des Jébuséens (nom ancien de Jérusalem, caste de ceux qui foulent aux pieds.) Lieu du battage, Jébus se nomme aujourd'hui, « Cité de la paix ». Et nous attendons la Jérusalem glorieuse. Comprenons !
Es 28:18 Votre alliance avec la mort sera détruite, Votre pacte avec le séjour des morts ne subsistera pas ; Quand le fléau débordé passera, Vous serez par lui foulés aux pieds.
Le prophète annonce le grand jour du Seigneur. Matt 22:13 Alors le roi dit aux serviteurs : Liez-lui les pieds et les mains, et jetez-le dans les ténèbres du dehors, où il y aura des pleurs et des grincements de dents.
Ap 20:15 Quiconque ne fut pas trouvé écrit dans le livre de vie fut jeté dans l'étang de feu.
Oh vous avez des « voisins » qui voudraient vous voir partagez leur sort. Ils y travaillent avec acharnement. Eux pas sauvés, vous non plus.

L'Esprit dit : Phi 2:12 Ainsi, mes bien-aimés, comme vous avez toujours obéi, travaillez à votre salut avec crainte et tremblement, non seulement comme en ma présence, mais bien plus encore maintenant que je suis absent ;

Gal 2:20 J'ai été crucifié avec Christ ; et si je vis, ce n'est plus moi qui vis, c'est Christ qui vit en moi ; si je vis maintenant dans la chair, je vis dans la foi au Fils de Dieu, qui m'a aimé et qui s'est livré lui-même pour moi.
Frère… « Je vis dans la chair… » Et les ennemis sus-cités sont si présents. Et « la chair est faible » et mon Cœur est contre moi à cause de sa sinuosité »
Ou donc se trouve la base de ma foi en Jésus ?
« J'ai été crucifié avec Christ… » Depuis quand un mort pèche ?
La foi est une ferme adhésion à un serment de Dieu. Je suis ce que Dieu dit que je suis malgré les apparences.
Luc 18:8 Je vous le dis, il leur fera promptement justice. Mais, quand le Fils de l'homme viendra, trouvera-t-il la foi sur la terre ?

Un homme…, sa tribu, son rang… sa mission.
Ex 31:2 Sache que j'ai choisi Betsaleel, fils d'Uri, fils de Hur, de la tribu de Juda.
Ex 31:6 Et voici, je lui ai donné pour aide Oholiab, fils d'Ahisamac, de la tribu de Dan.
« *J'ai mis de l'intelligence dans l'esprit de tous ceux qui sont habiles, pour qu'ils fassent tout ce que je t'ai ordonné:* »
Après que vous soyez gratifié d'un tel appel, comprenez que les déviations vous disqualifieront très vite si vous ne restez pas fidèle à votre mission en l'accomplissant dans la pleine confiance de votre mandant, si vous oubliez votre provision et les choses qui édifient votre appel : « je l'ai choisi dit-il et j'ai mis en lui des choses qui le tiennent debout pour qu'il me serve malgré son âge… vous voyez le corps vieillir mais en lui se trouve l'esprit qui rajeunit…» Deut 34:7 Moïse était âgé de cent vingt ans lorsqu'il mourut ; sa vue n'était point affaiblie, et sa vigueur n'était point passée. « Etre rassasié de jours est une promesse de Dieu ».

En Afrique, l'on sondera votre lignée, votre tribu ou votre caste avant de vous confier femme ou un quelconque travail. Vous sortez des forgerons…, cela vous colle à la peau. Lorsqu'il s'est agi de trouver « un sacrifice rédempteur », Dieu ne fit pas autrement. Il trouva un « fils unique en la tribu de Juda : Juda, Joseph, Jésus ».
Ap 5:5 Et l'un des vieillards me dit : Ne pleure point ; voici, le lion de la tribu de Juda, le rejeton de David, a vaincu pour ouvrir le livre et ses sept sceaux.
Ce qui a fondé ce choix ?
Juda, le patriarche…Ge 29:35 Elle devint encore enceinte, et enfanta un fils, et elle dit : Cette fois, je louerai l'Eternel. C'est pourquoi elle lui donna le nom de Juda. Et elle cessa d'enfanter.

Dieu cherche un fils, et la femme doit son salut au fils que Dieu adoptera comme fils pour mener sa guerre, dès que Léa enfante Judas, sa mission est accomplie. Les autres fils aideront mais Juda sera le leader.
Le Père Jacob… celui qui lutta avec Dieu et qui vainquit… était un usurpateur… qui dès son enfance fut inscrit à bonne école, pendant qu'Esaü son frère courait les brousses souscrivant aux besoins du corps : Ge 27:8 Maintenant, mon fils, écoute ma voix à l'égard de ce que je te commande. Ge 28:7 Il vit que Jacob avait obéi à son père et à sa mère, et qu'il était parti pour Paddan-Aram. Un fils qui a appris à obéir.
D'aucuns diront : Luc 10:42 Une seule chose est nécessaire. Marie a choisi la bonne part, qui ne lui sera point ôtée. La mère avait considérablement formaté la pensée du fils…Prov 22:6 Instruis l'enfant selon la voie qu'il doit suivre ; Et quand il sera vieux, il ne s'en détournera pas.
La voie que doit suivre un enfant n'est pas l'université et les diplômes à engranger mais la destinée tracée devant Dieu de toute éternité. Quand elle le nomma « Juda » elle savait par la foi que cet enfant était destiné à livrer bataille et à remporter des victoires au nom de l'Eternel des armées. Une autre éducation se fera alors pour apprendre à l'enfant la voie qu'il doit suivre, son appel devant Dieu et la révélation à propos concernant votre enfant.

Des femmes à leur poste… Juda… son 4ème fils, eut pour mère Léa, « la femme qui n'était pas aimé », elle n'était selon les vues de la chair. Celle qui bien qu'humiliée, se tint dans son rôle. Ge 29:17 Léa avait les yeux délicats ; mais Rachel était belle de taille et belle de figure.
La notion suggère… de la tendresse, de la douceur et aussi de la timidité. Elle était douce en paroles. Sa faiblesse physique jouait contre elle. Elle doutait de ses dons de ses talents… mais elle avait « ses deux sources bien fonctionnelles ». Quelqu'un traduisit « les yeux délicats par « de gros yeux qui lui sortaient de l'orbite ». Non Léa n'était pas une ignorante, elle avait les yeux ouverts non sur le monde mais sur les choses de l'Esprit, c'est pourquoi malgré son humiliation, elle tint son rôle de femme…mais Marthe (maîtresse ou femme garçon) l'activiste méprisait un peu cette « paresseuse » qui rêvassait aux pieds du Seigneur.
Paul grogna Timothée : « Ranime le don… » 2 Tim 1:7 Car ce n'est pas un esprit de timidité que Dieu nous a donné, mais un esprit de force, d'amour et de sagesse.
Dieu a investi en toi. C'est à toi de faire fructifier les dons et les talents. Puis… Ge 47:6 Le pays d'Egypte est devant toi ; établis ton père et tes frères dans la meilleure partie du pays. Qu'ils habitent dans le pays de Gosen ; et, si tu trouves parmi eux des hommes capables, mets-les à la tête de mes troupeaux.
Des hommes exercés ou des hommes ayant des « prédispositions » : 2 Tim 2:2 Et ce que tu as entendu de moi en présence de beaucoup de témoins, confie-le à des hommes fidèles, qui soient capables de l'enseigner aussi à d'autres. Et notre capacité vient de Dieu.

Nous avons encensés les hommes… mais le genre joue aussi un rôle déterminant : Est 2:7 ***Il élevait Hadassa, qui est Esther, fille de son oncle*** ; car elle n'avait ni père ni mère. La jeune fille était belle de taille et belle de figure. A la mort de son père et de sa mère, Mardochée l'avait adoptée pour fille.
Ici un père adoptif joua efficacement les deux rôles.
D'autres eurent des « mères » qui les égarèrent : 2 Rois 8:26 Achazia avait vingt-deux ans lorsqu'il devint roi, et il régna un an à Jérusalem. Sa mère s'appelait Athalie, fille d'Omri, roi d'Israël… « Il fit ce qui est mal aux yeux de l'Eternel… »
Timothée aussi portait les bons gênes : 2 Tim 1:5 gardant le souvenir de la foi sincère qui est en toi, qui habita d'abord dans ton aïeule Loïs et dans ta mère Eunice, et qui, j'en suis persuadé, habite aussi en toi.

Une famille de sacrificateur… Ge 12:7 L'Eternel apparut à Abram, et dit : Je donnerai ce pays à ta postérité. Et Abram bâtit là un autel à l'Eternel, qui lui était apparu.
Ce fut un sacrifice de gratitude qui « enfermait » celui qui lui avait fait la promesse. La chose épinglée ne pouvait que s'accomplir. Puis nous connaissons la suite…Ge 22:12 L'ange dit : N'avance pas ta main sur l'enfant, et ne lui fais rien ; car je sais maintenant que tu crains Dieu, et que tu ne m'as pas refusé ton fils, ton unique.
La proposition d'offrir son fils préfigurait Dieu qui offrirait son propre fils. Un père offre son fils pour témoigner de son attachement à un Dieu, un Dieu offre son fils pour certifier que les promesses faites seront accomplies. C'est une alliance de sang qui s'établissait. Les fils remporteront la victoire sur le mal au prix de leur sang. Héb 12:4 Vous n'avez pas encore résisté jusqu'au sang, en luttant contre le péché.
Depuis Abraham un peuple de sacrificateurs se construisait, un peuple de la foi.
Dès que Papa Jacob fit sa rencontre avec Dieu… Ge 35:7 Il bâtit là un autel, et il appela ce lieu El-Béthel ; car c'est là que Dieu s'était révélé à lui lorsqu'il fuyait son frère.
D'une génération à l'autre Dieu se bâtissait un peuple… « Des gênes bénis se propageaient »

Jésus… le lion de la tribu de Juda.
Juda n'était pas l'aîné… mais il a acquis la position à cause du travail de son âme. C'est lui qui se porta prisonnier à la place de Benjamin, acceptant de subir la colère « du prince d'Egypte Joseph ». Gen 44:33 Permets donc, je te prie, à ton serviteur de rester à la place de l'enfant, comme esclave de mon seigneur ; et que l'enfant remonte avec ses frères. Il est la figure du fils qui prendra notre place à la croix payant pour nos fautes. Il n'a fait de sa vie aucun cas.
Notre vocation consiste, nous le savons, à donner notre vie. Matt 10:38 celui qui ne prend pas sa croix, et ne me suit pas, n'est pas digne de moi.

Lorsqu'il s'est agi de trouver un sacrifice humain… une tribu, une famille, un homme fut visé. L'on avait ici été exercé pour ce temps, pour cette circonstance. Esaïe 6:8 J'entendis la voix du Seigneur, disant : Qui enverrai-je, et qui marchera pour nous ? Je répondis : Me voici, envoie-moi.
Attention, il avait été exercé pour ce but… » L'agneau de la tribu de Juda »

Nous soulignons la nécessité de connaître votre lignée, le mois de votre lunaison et la porte où vous êtes attendus comme « Guetteur ».
Que chacun soit à son poste : Eph 4:11 Et il a donné les uns comme apôtres, les autres comme prophètes, les autres comme évangélistes, les autres comme pasteurs et docteurs,…parmi les principaux. N'oublions pas que le Corps compte douze portes. Il en existe de glorieux comme Joseph l'occupa, et d'autres bien tristes comme le temps de veille de Lazare.
1 Cor 12:29 Tous sont-ils apôtres ? Tous sont-ils prophètes ? Tous sont-ils docteurs ? Tous ont-ils le don des miracles ?
Parce que… Ps 87:5 Et de Sion il est dit : Tous y sont nés, Et c'est le Très-Haut qui l'affermit.
Tu dois trouver Ta tribu et la mission qui t'es assignée… ne sème pas le désordre.

La tribu de Juda… il n'en sortira que des hommes qui servent à la louange de Dieu. Et seuls ceux qui obéissent au Seigneur au prix de leur vie, louent Dieu. Louer Dieu, c'est faire ce qu'il dit, ce qui est attendu : Luc 6:46 *Pourquoi m'appelez-vous Seigneur, Seigneur ! et ne faites-vous pas ce que je dis ?*

La tribu de Juda… la matrice source, c'est… Aleph. Au commencement Dieu. Il a en vue l'homme. Il élabore « un souffle » lâché sur une terre aride. Une « chose immatérielle » et projette de lui donner un corps, le Beth.
Les assises de sa rédemption… le Beth… ou la maison devient une projection. Que le Ghimel… vient renforcer.
1 Pie 2:11 Bien-aimés, je vous exhorte, comme étrangers et voyageurs sur la terre, à vous abstenir des convoitises charnelles qui font la guerre à l'âme.
« Riche ou pauvre », aucun humain n'a pas de cité ici-bas. Tous nous subissons un recyclage, la rédemption, en vue d'accéder à la cité véritable qui est auprès de Dieu. Il y a une éducation à suivre et une victoire à remporter afin d'y accéder.

La Parole qui en fixe les conditions est …le Heh, qui dans sa pictographie est un homme aux mains levées comme se rendant ou priant. La parole se prononce comme dans un souffle, un soupire. C'est un homme regardant par une fenêtre, les yeux fixés sur l'horizon. Le Heh exprime une attente, une prière.
Daniel 6:10 … et trois fois le jour il se mettait à genoux, il priait, et il louait son Dieu, comme il le faisait auparavant.

« Ces trois jours » symbolisant « mort et résurrection » tout au long du chemin de la transmutation.
En cette tribu, Dieu attend avec ravissement un résultat... : Ps 89:20 ***J'ai trouvé David, mon serviteur,*** Je l'ai oint de mon huile sainte. 1 Sam 16:12 Isaï l'envoya chercher. Or il était blond, avec de beaux yeux et une belle figure. L'Eternel dit à Samuel ***: Lève-toi, oins-le, car c'est lui !***
Le He...côtoyant le Quph et le Vav... il y a toujours au moins deux qui marchent ensembles. Marc 6:7 Alors il appela les douze, et il commença à les envoyer deux à deux, en leur donnant pouvoir sur les esprits impurs. Nous soulignons toujours la nécessité de trouver aussi avec qui vous devez marcher. Un autre vous aidera au mieux dans la mission à vous confier. Celui qui combat seul, cherche sa propre gloire et sa défaite sera grande aussi. Ecc 4:10 Car, s'ils tombent, l'un relève son compagnon ; mais malheur à celui qui est seul et qui tombe, sans avoir un second pour le relever !

Une tribu...Et ses livres... lorsque Dieu suscita la tribu de Juda, il lui donna sa parole ou son cahier des charges.
Deutéronome ou le Rappel de la Loi. Nous avons un chemin à suivre et des combats tout le long...
L'Addition des talents... Matt 20:8 Quand le soir fut venu, le maître de la vigne dit à son intendant : Appelle les ouvriers, et paie-leur le salaire, en allant des derniers aux premiers. Que vous soyez les premiers ou les derniers... vous ne pouvez tout faire tout seul. D'autres ont travaillé avant ou travailleront après vous.
1 Cor 3:6 J'ai planté, Apollos a arrosé, mais Dieu a fait croître,... c'est plutôt votre manière de travailler dans la chaine qui vous vaudra vos lauriers ou votre blâme.
Recevez donc les ordres en votre temps avant de sauter dans le plat. Prenez en compte les leçons du passé. La malédiction ou la bénédiction est la résultante ou non de l'obéissance. Ce sont nos manquements à un ordre qui provoquent les cancers en notre sein.
Sinon votre défaite ne signifie pas que Dieu a échoué. Vous serez tout simplement disqualifié et remplacé par un autre qui fera aboutir le projet.

Comprenons que « Deux valent mieux qu'un ». Si vous devez fixer une porte, vous attendrez qu'un autre ait posé la muraille.
Dieu fit l'homme... Ge 1:27 Et Dieu créa l'homme à son image ; il le créa à l'image de Dieu ; il les créa mâle et femelle.
Il ne conféra point toute la puissance à un seul volet. Chacun des organes de notre être est un tout en lui-même et n'est point sans l'autre. Sans les autres, le cœur organe ne servirait à rien et même pour son confort, il a besoin de la bouche qui mange pour lui.
Ecc 4:10 Car, s'ils tombent, l'un relève son compagnon ; mais malheur à celui qui est seul et qui tombe, sans avoir un second pour le relever !

L'autre, votre alter égo, est comme un garde-fou. Parce que chacun en particulier est faillible. Et tous nous n'avons pas les mêmes talents.
Apollos (soleil, doté de connaissances) « était versé dans les écritures »...mais... Act 18:26 Il se mit à parler librement dans la synagogue. Aquilas (un aigle, une vision plus pointue) et Priscille (Prisca, la petite vieille, sagesse), l'ayant entendu, le prirent avec eux, « et lui exposèrent plus exactement la voie de Dieu ».
Malgré votre talent et votre popularité... votre doctorat peut être en-dessous d'un autre ou a besoin d'exactitude. Mais si vous êtes réfractaire à la correction... tout votre savoir ne vaudra plus rien dans la suite. Et la vanité vous envahira.
Ayons l'humilité pour couverture dans cette collaboration !

Le Rappel de la loi... ou des fautes commises par vos devanciers doivent vous servir de leçons : Héb 13:7 Souvenez-vous de vos conducteurs qui vous ont annoncé la parole de Dieu ; considérez quelle a été la fin de leur vie, et imitez leur foi.
Plus de 80 fois, les écrits du « testament nouveau » y font référence. Il n'y a pas deux lois ou une qui serait abolie... avec Israël, nous avons la même Loi, les avertissements et les mêmes exhortations. Chacun des groupes a une alliance qui soude les rapports du moment.
Autant pour Israël que pour l'Eglise, c'est :
Deut 6:5 Tu aimeras l'Eternel, ton Dieu, de tout ton cœur, de toute ton âme et de toute ta force. C'est tout ton être (corps, âme et esprit) qui entre dans cette conjugaison.
Lév 19:18 Tu ne te vengeras point, et tu ne garderas point de rancune contre les enfants de ton peuple. Tu aimeras ton prochain comme toi-même. Je suis l'Eternel.
Les concepts de l'amour de Dieu et de l'obéissance de l'homme prédominent. « Tu ne garderas point rancune contre les enfants de ton peuple ». La rancune, entretenir une colère ou une haine, refuser de pardonner, de remettre les fautes vous pénalise vous-même : Matt 6:15 mais si vous ne pardonnez pas aux hommes, votre Père ne vous pardonnera pas non plus vos offenses. La loi de l'amour prévaudra donc : 1 Cor 13:7 elle excuse tout, elle croit tout, elle espère tout, elle supporte tout.

Les détours imposés dans notre marche vers la destinée sont les conséquences de nos incrédulités : Néh 9:16 Mais nos pères se livrèrent à l'orgueil et raidirent leur cou. Ils n'écoutèrent point tes commandements,
Ils raidirent leur cou...Dieu ne nous donne pas sa Parole pour la « conférencer », mais pour y obéir pour notre bonheur.
Faire le difficile, l'insoumis, devenir grand discuteur en ce siècle de rebelles ou de démocratie libertine... c'est outragé Dieu. Puis suivront les pourquoi... les hélas.
Prov 23:29 Pour qui les ah ? pour qui les hélas ? Pour qui les disputes ? pour qui les plaintes ? Pour qui les blessures sans raison ? pour qui les yeux rouges ? 30 Pour ceux qui s'attardent auprès du vin, Pour ceux qui vont déguster du vin mêlé.

Le vin… le vin mêlé… le vin produit l'effervescence et son abus conduit au zèle regrettable. Le savoir est bon, le grand savoir peut faire divaguer. En toute chose sachons raison gardée. Avec Dieu demeurons ignorants et obéissons !
Deut 29:29 Les choses cachées sont à l'Eternel, notre Dieu ; les choses révélées sont à nous et à nos enfants, à perpétuité, afin que nous mettions en pratique toutes les paroles de cette loi.
Un parcours possible en onze jours se transforma en une corrida de 40 ans. Et beaucoup tombèrent dans les lieux arides, disqualifiés pour la suite de la course.
Prov 1:8 Ecoute, mon fils, l'instruction de ton père, Et ne rejette pas l'enseignement de ta mère ;

Daniel (Dieu est mon juge)... ou Beltschatsar (qu'il protège sa vie),… Dan 1:8 Daniel résolut de ne pas se souiller par les mets du roi et par le vin dont le roi… c'est un homme qui a opté pour : je traite durement mon corps… »
Voilà un homme bien envié dans nos milieux et ce verset est constamment cité dans nos sermons. Et un livre à Révélations directs. L'homme des 21 jours de jeûne… son succès devant Dieu bâtit les records de Joseph, le songeur.
Le fond du livre me parait simple : ***veille sur toi, toi-même***. Ou prends garde aux choix de ton âme ! 1 Cor 14:20 Frères, ne soyez pas des enfants sous le rapport du jugement ; mais pour la malice, soyez enfants, et, à l'égard du jugement, soyez des hommes faits.
Le contexte, c'est une Eglise dans le monde. Nous sommes au cœur de la déportation à Babylone. Jean 17:11 Je ne suis plus dans le monde, et ils sont dans le monde, et je vais à toi. Père saint, garde en ton nom ceux que tu m'as donnés, afin qu'ils soient un comme nous.
Le monde et tout ce qui est dans le monde est inimitié à Dieu. Chaque chose que le monde propose c'est pour dire : Dieu n'existe pas, il n'y a de dieu que la science.
C'est pourquoi la prudence, la cohésion, l'entente… se donner la main… doivent guider notre marche vers la maison. Nous traversons la vallée de l'ombre de la mort. Nous devons nous rassurés les uns les autres… non poussés des cris pour dévoiler le frère ou rire de sa chute. Pour l'exposer aux flèches de l'ennemi.
1 Tim 4:16 Veille sur toi-même et sur ton enseignement ; persévère dans ces choses, car, en agissant ainsi, tu te sauveras toi-même, et tu sauveras ceux qui t'écoutent.

Comme nous le révélions tantôt. Vous êtes Apollos… un sachant des choses saintes et secrètes… mais il y a aussi… Act 18:26 Il se mit à parler librement dans la synagogue. *Aquilas et Priscille*, l'ayant entendu, le prirent avec eux, et lui exposèrent plus exactement la voie de Dieu.
Il y a parmi nous des gens à qui Dieu a donné un plus dans certains domaines… « Leur rectification » vous permettra d'aller plus loin.
Ne vous offusquez pas ! Ne vous braquez pas pour aller à l'affrontement, aux disputes de mots ! Ou à vouloir préserver votre assemblée de ceux-là. Ne devenez

pas Diotrèphe ! Toi seul tu ne peux pas tout. Tu ne sais pas tout. Et l'assemblée est déjà borgne ou bancale à cause de ta rigueur fermée. Si Tu persistes dans la fausseté... tu perds des milliers d'hommes...
Ecc 11:9 ... marche dans les voies de ton cœur et selon les regards de tes yeux ; mais sache que pour tout cela Dieu t'appellera en jugement... Sache que tu traînes avec toi beaucoup sur les voies de l'égarement.

L'Ecrit porte le Nom de Daniel... cependant il n'était pas seul, il y avait... Dan 2:49 Daniel pria le roi de remettre l'intendance de la province de Babylone à Schadrac, Méschac et Abed-Nego. Et Daniel était à la cour du roi. Il ne résolut rien seul et même les songes ou révélations obtenaient l'aval des autres dans leur explication.
Dan 10:1 La troisième année de Cyrus, roi de Perse, une parole fut révélée à Daniel, qu'on nommait Beltschatsar. Cette parole, qui est véritable, annonce une grande calamité. Il fut attentif à cette parole, et il eut l'intelligence de la vision. Non seulement ils comprirent ce qui se passaient mais ils travaillèrent ensemble dans le sens de la révélation. S'accorder sur ce qu'un a reçu et aller dans sa direction, c'est « donner la main d'association ». Si dans toutes les assemblées l'on s'accordait sur le voile de la femme, l'enseignement de la femme, la polygamie, l'Eglise gagnerait en unité, en cohésion en force. Et bien de brèches seront colmatées, les croyants seraient plus vigoureux.
Ce petit groupe de 4 gars comme les 4 autres qui veillent à l'entrée du lieu saint, Apôtres de Saint-Esprit, se savaient avec d'autres, des anges qui étaient dans le feu, ou dans la fausse aux lions... ils savaient leurs alliés... ils travaillaient avec eux. Ils avaient la certitude de l'Emmanuel, du Dieu qui est avec eux.
Da 7:16 Je m'approchai de l'un de ceux qui étaient là, et je lui demandai ce qu'il y avait de vrai dans toutes ces choses. Il me le dit, et m'en donna l'explication:...
Da 2:18 les engageant à implorer la miséricorde du Dieu des cieux, afin qu'on ne fît pas périr Daniel et ses compagnons...
Une destinée glorieuse...
Si chacun tient à préserver sa vie et ses avantages... nous périrons tous.
Tous les chrétiens ou les pasteurs qui sont sans référant échoueront... il leur manquera l'œil critique d'un frère... pour les recadrer en cas de besoin. Ils courent le découragement, ils se dirigent vers la dépression. Gal 2:9 et ayant reconnu la grâce qui m'avait été accordée, Jacques, Céphas et Jean, qui sont regardés comme des colonnes, me donnèrent, à moi et à Barnabas, la main d'association, afin que nous allassions, nous vers les païens, et eux vers les circoncis.

Selon... Ephésiens... le « Hey... » Hébreu... Est une Personne choisie, consacrée ou préparée à... Une qui fera toute la Volonté de Dieu. Juda ou le lion de la tribu de Juda, l'homme des conquêtes.
Act 20:24 Mais je ne fais pour moi-même aucun cas de ma vie,
Comme si elle m'était précieuse,

Pourvu que j'accomplisse ma course avec joie,
Et le ministère que j'ai reçu du Seigneur Jésus,
D'annoncer la bonne nouvelle de la grâce de Dieu.
Etre… Un héros de Dieu, qui comme le tronc d'arbre, cumule en « Lui »… toute la plénitude de Dieu.
En lui… la préposition souligne un lieu, en dedans de lui, en son intérieur… mais aussi un temps ou le début du locatif, dans son âme. Nous sommes en cette maison depuis… mais vient un temps pour…agir ou souligner le caractère de la maison… faire office d'ambassadeur.

L'on souligne ici, la première épitre écrite en prison, synonyme de la déportation ou de l'Eglise dans le monde.
C'est la fonction du « Tsaddi » ou de l'appât au bout de l'hameçon. Accroché puis trempé dans un milieu hostile. Même dans cette position, ne perdons pas le nord. Qui sommes-nous en réalité ? « Nous sommes dans le monde mais nous ne sommes pas du monde ».
En lui…exprime la communion établie… et la projection « d'un hologramme ».
Hologramme, image expressive en 3D mais qui cependant n'est pas la réalité. Tels nous sommes sur la terre.
Rom 8:38 …Car j'ai l'assurance que ni la mort ni la vie, ni les anges ni les dominations, ni les choses présentes ni les choses à venir, ni les puissances,…
Rien ne pourra me séparer de l'amour de Dieu.
Eph 1:2 Que la grâce et la paix vous soient données de la part de Dieu notre Père et du Seigneur Jésus-Christ !

En Lui, nous sommes, en lui nous possédons 7 dispositions :
L'élection… pour la sainteté… pour prier… c'est le Beth
La rédemption… pour le jour du Seigneur… une conquête… C'est le Ghimel
Le pardon des péchés… pour ouvrir les portes… c'est le Daleth.
L'héritage… pour célébrer sa gloire… prendre les choses en main… c'est le Kaph
Le scellement de l'Esprit… pour faire toute chose comme lui… c'est le Peh
La réconciliation avec Dieu...pour avoir une même pensée avec lui… c'est le Resh
Le tabernacle de Dieu… pour être habité de Dieu… un temple… enfin le Taw
Nous voilà par décret divin, des hommes faits et propres à toutes bonnes œuvres. Ces éléments sont des faits dans les lieux célestes. Il y a une expérience céleste distincte de ce qui est terrestre. L'expérience terrestre est douloureuse et humiliante, mais il le faut. Nous y courons pour revêtir l'homme nouveau, dans les cieux la chose est accomplie.
Dans une branche d'arbre, se trouve toute la vie du cep. Et seules les branches matures portent des fruits en abondance.

Ce que nous vivons ici-bas n'est ni la vérité ni la réalité. Au-delà des apparences, nous sommes ce que l'Ecriture nous révèle à travers la Loi, les Prophètes et les Epitres. « Et nous le sommes ». Voilà l'expression de la Foi.

Un homme… Sa lunaison et son signe du zodiaque…

Tout homme nait sous une lune, dans un mois précis.

Job 38:32 Fais-tu paraître en leur temps les signes du zodiaque, Et conduis-tu la Grande Ourse avec ses petits ?

Le zodiaque, un sujet redouté à cause des confusions avec l'horoscope et ses divinations.

Cependant…tous les phénomènes de notre vie se déroulent un jour d'un mois donné en une certaine année ou évènement :

Ex 12:18 Le premier mois, le quatorzième jour du mois, au soir, vous mangerez des pains sans levain jusqu'au soir du vingt et unième jour.

Ga 4:10 Vous observez les jours, les mois, les temps et les années !...

Polémiques !

1 Cor 11:25 De même, après avoir soupé, il prit la coupe, et dit : Cette coupe est la nouvelle alliance en mon sang ; faites ceci en mémoire de moi toutes les fois que vous en boirez.

Il y a aussi des fêtes et des mémoriaux célébrés en l'honneur de Jésus… en temps en heures. Nous observons les jours et les mois. Et certains mois sont célèbres pour nos mariages et autres…

Autres parts, les voyages, les semences et les plantations se font encore en observant la lune, les saisons. Et les quatre jeûnes nationaux hébreux prennent en compte les mois.

Le zodiaque… ou savoir faire la distinction… un temps pour - s'éloigner, s'abstenir, se consacrer, vouer, faire abstinence… Est une notion pour la consécration pour se vouer à un travail donné dans le temps.

Le Zodiaque compte 12 signes et leurs 36 constellations associées

L'on parlera des 12 étoiles ou fils d'Israël. Ap 22:16 Moi, Jésus, j'ai envoyé mon ange pour vous attester ces choses dans les Eglises. Je suis le rejeton et la postérité de David, l'étoile brillante du matin.

La lunaison paraît favorable à certains et pas à d'autres. Elle indiquerait notamment à une étoile donnée son temps de veille. Il y a des moments ou une étoile brille plus que les autres, c'est alors votre temps de paraître, les autres dans l'ombre vous donneront la main d'association.

Pour Juda… au mois de Nissan ou Pâque… l'action du bélier est identifiée.

Ge 22:13 Abraham leva les yeux, et vit derrière lui un bélier retenu dans un buisson par les cornes ; et Abraham alla prendre le bélier, et l'offrit en holocauste à la place de son fils.

Le bélier… c'est le fils vaillant et courageux. C'est l'homme juste et droit que l'on offre en sacrifice. C'est surtout un appât pour… Col 2:15 il a dépouillé les dominations et les autorités, et les a livrées publiquement en spectacle, en triomphant d'elles par la croix.
Dans nos conquêtes nous devons discerner les fils nés sous cette étoile et nous devons les porter en avant. Si cela n'est pas discerné notre campagne ne portera pas de fruit. Un leader n'est pas celui qui se porte en avant sur tout mais celui qui sait discerner qui envoyer pour la mission présente dans le temps.

L'on trouve la manifestation du bélier dans les poteaux de Moïse, ce sang qui fait passer outre le Destructeur. Il porte le nom de vestibules (début) ou de térébinthes dans la construction du temple… la pierre angulaire (vecteur directeur). Il est le frontispice (entête) de la porte.
Si Juda ne marche pas devant pour la conquête, n'y allez pas… vous attendrez une autre lunaison semblable. Parce que Votre lunaison vous confère des aptitudes ou des interdits, discerner le temps de l'action. 2 Sam 11:1 L'année suivante, au temps où les rois se mettaient en campagne, David envoya Joab, avec ses serviteurs et tout Israël, pour détruire les fils d'Ammon et pour assiéger Rabba. Mais David resta à Jérusalem.
C'était le temps des guerres des rois, mais David choisit de faire autre chose et il commit un adultère et un meurtre. Ne pas faire ce que Dieu commande au temps marqué, c'est faire la volonté d'un autre et cela peut vous coûter beaucoup.

Pour les « Benjamin »… c'est le Samech, c'est le sagittaire… des tireurs d'arc… la flèche par en direction du ciel avant de retomber sur terre.
Benjamin est un cadeau de Dieu. Le fils de la victoire Est une célébration.
Le Samech est un appui. Cant 46-2 Dieu est pour nous un refuge et un appui, Un secours qui ne manque jamais dans la détresse. Ou encore…Phi 2:30 Car c'est pour l'œuvre de Christ qu'il a été près de la mort, ayant exposé sa vie afin de suppléer à votre absence dans le service que vous me rendiez.
Parce que nous sommes une nation… un corps… Dieu a constitué les choses de sorte que l'un soit le secours de l'autre en cas de besoin : Il les envoya deux à deux.
Dans sa sagesse il a dit : « deux valent mieux qu'un ». Votre ministère est un support d'un autre, le don des guérisons aidera certainement l'Evangéliste à porter plus de fruits.
Parce que vous ne pouvez être fort tout le temps, Dieu a fractionné les temps en douze points. Un temps pour dormir, un temps pour vaquer à la guerre. Il s'est voulu douze fils positionnés en chaque lunaison et dans des tâches précises sur tout le territoire, chacun avec un guerrier ou une sentinelle en titre et des aides en grand nombre.
Emmanuel dans son expression est l'ensemble de « tout ce qui ou de tous ceux qui » viennent à notre secours au moment opportun. Emmanuel est l'homme providentiel

que Dieu vous envoie comme support. Celui qui vient prier pour votre guérison est l'expression de Dieu avec nous. Dan 10:19 Puis il me dit : Ne crains rien, homme bien-aimé, que la paix soit avec toi ! courage, courage ! Et comme il me parlait, je repris des forces, et je dis : Que mon seigneur parle, car tu m'as fortifié. Non, jamais tout seul !
Ta destinée se trouve là. Dans ton jour, ton mois de lunaison, dans le zodiaque, dans la Parole qui commande votre tribu, dans la lettre rédemptrice enfin dans la racine, la matrice.
Dans toutes les guerres les troupes de Dieu sont les premiers engagées puis viennent les troupes de Jésus enfin celles de Saint-Esprit. Nos actions ne doivent pas être isolées mais conduit par une Parole : Matt 1:24 Joseph s'étant réveillé fit ce que l'ange du Seigneur lui avait ordonné, ***et il prit sa femme avec lui.***
Ce Joseph… entrait dans sa destinée de manière bien curieuse. Sa généalogie retrace un homme d'une lignée royale qui fut abandonné dans les moments de déportation et d'exil. Le roi se retrouva charpentier… et avec une fiancée enceintée par…
Matt 1:20 …Joseph, fils de David, ne crains pas de prendre avec toi Marie, ta femme, car l'enfant qu'elle a conçu vient du Saint-Esprit… ;
Ce Joseph… fils de David… est de la tribu de Juda, c'est un bélier… l'homme du sacrifice…

Lorsque sa lune revint… Dieu l'envoya chercher pour qu'il assume une grossesse qui n'est pas de lui, qu'il ne répudie point la femme mais se comporte comme un père.
L'on dira à une autre de « mes femmes » :
Est 4:14 car, si tu te tais maintenant, le secours et la délivrance surgiront d'autre part pour les Juifs, et toi et la maison de ton père vous périrez. ***Et qui sait si ce n'est pas pour un temps comme celui-ci que tu es parvenue à la royauté ?***

Maintenant nous le savons. « Ceux qui sont appelés selon son dessein »... subissent son propre entraînement… acquièrent des aptitudes pour une mission…fixée dans le temps.
Rom 8:30 Et ceux qu'il a prédestinés (avoir une destinée), il les a aussi appelés (vocation ou à toi de jouer) ; et ceux qu'il a appelés, il les a aussi justifiés (immunité) ; et ceux qu'il a justifiés, il les a aussi glorifiés (élevé en dignité).
Marche…cours vers ta destinée…

Le principe qui gouverne la relation du fidèle à Dieu : la loi
Deut 28:58 Si tu n'observes pas et ne mets pas en pratique toutes les paroles de cette loi, écrites dans ce livre, si tu ne crains pas ce nom glorieux et redoutable de l'Eternel, ton Dieu,…

Un homme a satisfait à toutes les exigences de la loi pour tous. Cela est vrai.

Qu'est-ce à dire ? Que nous n'avons plus à obéir à la loi ? Que nous sommes abonnées à l'anarchie impunément ?
Ou plutôt que la punition de la loi en cas de faute ou de négligence ne s'applique plus ?
Ainsi qu'il est écrit :
Ez 18:4 Voici, toutes les âmes sont à moi ; l'âme du fils comme l'âme du père, l'une et l'autre sont à moi ; l'âme qui pèche, c'est celle qui mourra.
Prov 19:16 Celui qui garde ce qui est commandé garde son âme ; Celui qui ne veille pas sur sa voie mourra.
Oui nous sommes sous la grâce mais la grâce ne nie pas la loi. La grâce aime le commandement. Et elle nous enseigne à l'aimer.
Mais comment puis-je prouver que j'aime Dieu ? Que j'accomplis ses œuvres sans aucune référence ?
Au commencement… Gen 2:16 L'Eternel Dieu donna cet ordre à l'homme : Tu pourras manger de tous les arbres du jardin…
La loi même sous sa forme d'interdit ou autre… régit une relation. Nos rapports sont établis au travers d'une parole échangée et l'engagement de chacun de chaque partie à tenir parole.
Voilà donc la volonté de Dieu expérimée. Et pendant un certain temps, l'autre s'engage à l'accomplir. Sa responsabilité quand au résultat est ainsi affirmée. En cas de réussite, c'est la récompense, en cas d'échec… il y a toujours un bilan. « Si tu en manges tu mourras.. »

Parce que la Parole nous engage, elle vient à nous sous … 8 formes :
Dans le Ps119 un décompte est fait : la Parole c'est…
La Loi (Torath, 25 fois) Ps 119:70 Leur cœur est insensible comme la graisse ; Moi, je fais mes délices de ta loi. ***Nous y avons les instructions.*** Jér 2:4 Ecoutez la parole de l'Eternel, maison de Jacob, et vous, toutes les familles de la maison d'Israël.
Es:17 Ainsi parle l'Eternel, ton rédempteur, le Saint d'Israël : Moi, l'Eternel, ton Dieu, je t'instruis pour ton bien, Je te conduis dans la voie que tu dois suivre.
Ps 119:1 Heureux ceux qui sont intègres dans leur voie, Qui marchent selon la loi de l'Eternel !
La Torah ou la loi mosaïque, est un enseignement.

La Parole ou les mots (Davar, 23 fois) 01697 dabar (daw-baw') Ps 119:57 Ma part, ô Eternel ! je le dis, C'est de garder tes paroles.
L'autre dira se consacrer à faire les choses, à tenir les évènements en suivant le modèle révélé. Faire en sorte de suivre les mouvements de l'engrenage.
Ge 18:19 Car je l'ai choisi, afin qu'il ordonne à ses fils et à sa maison après lui de garder la voie de l'Eternel, en pratiquant la droiture et la justice, et qu'ainsi l'Eternel accomplisse en faveur d'Abraham les promesses qu'il lui a faites …

Comprendre donc que les projets de Dieu ne s'accomplissent bien que quand l'homme est à son poste.
« Adam où es-tu ? » Ne vous plantez pas dans un lieu vous-même selon votre cœur, tenez votre poste.

Le Jugement (Mishpat, 23 fois) Ps 119:7 Je te louerai dans la droiture de mon cœur, En apprenant les lois de ta justice. Les lois ou les règlements du milieu.
Les bases de la bonne gouvernance et du droit équitable dans une société.
1 Cor 5:12 Qu'ai-je, en effet, à juger ceux du dehors ? N'est-ce pas ceux du dedans que vous avez à juger ?
Comment donc l'Avocat ou l'Accusation plaideront ils efficacement en ignorant les règles établies ? Les sentences sont les décisions d'un jugement. Que donc tout soit fondé sur ce qui est établi. Point d'acception de personne !

Le Testament ou alliance (Edah, 23 fois)
C'est un Arrangement… un pacte… une disposition…plus ou moins écrit.
L'alliance ou le pacte comporte une « locution prépositive' : à travers, au travers de… C'est un qui veut quelque chose…et c'est un autre qui se prêté au jeu. De part et d'autre, des engagements sont pris, un pacte est signé. Ici c'est un accord de sang pour souligner l'aspect irrévocable.
Ici Dieu veut un fils… et l'homme jouera donc le rôle d'épouse.
Ge 3:15 Je mettrai inimitié entre toi et la femme, entre ta postérité et sa postérité : celle-ci t'écrasera la tête, et tu lui blesseras le talon.
Marie dira plus tard… au fils des arrangements… Luc 1:34 Marie dit à l'ange : Comment cela se fera-t-il, puisque je ne connais point d'homme ?
Nous savons le but, un fils… mais le comment nous échappe et devient la pierre d'achoppement… Et tout n'a pas été mis par écrit dans les détails. Nous voilà ainsi engagés par la Foi.

8 alliances sont à noter.
L'alliance en Eden, Ge 2 :16…avait pour articles : la propagation de la race humaine, la soumission de la création à l'homme, la domination sur la vie animale, la culture et la garde du Jardin, S'abstenir de toucher à l'arbre de la connaissance « du bien et du mal »
L'alliance avec Adam déchu, Gé3 :15. Elle fonde la conscience du péché, de la condamnation de la séparation d'avec Dieu, et surtout le rachat possible au travers du sang d'un sacrifice.
L'alliance avec Noé, Gé 9 :6 elle fonde la responsabilité humaine et introduit le temps des nations. Les hommes gouverneront mais auront à rendre compte de leur gouvernance. Le déluge a bien montre la faillite de cette mission.

L'alliance avec Abram, Gé12 :2. Introduit la promesse du fils victorieux. Un fils à Sacrifier. C'est Dieu qui reprend les choses en main en traçant une voie : Esaïe 35:8 Il y aura là un chemin frayé, une route, Qu'on appellera la voie sainte ; Nul impur n'y passera ; elle sera pour eux seuls ; Ceux qui la suivront, même les insensés, ne pourront s'égarer.

L'alliance du Sinaï, Ex 19 :5 Elle institue la loi. Ce pédagogue qui révèle la vanité de tout effort humain. Et la condition sin qua non de la réconciliation avec Dieu par le Sacrifice d'un fils modèle.

Elle révélait dans les dispositions cultuelles ce que demain sera : le tabernacle de Dieu au milieu des hommes, dans l'homme.

L'alliance avec Israël, De30 :3… ce contrat confirme le retour de l'Israël physique en ses terres… mais avant elle souligne la conquête de la contrée dans le domaine spirituel. C'est l'avènement de l'Eglise sur terre. C'est ici qu'est accompli le sacrifice promis. L'Agneau ou le fils digne ayant été trouvé. Jean 1:29 Le lendemain, il vit Jésus venant à lui, et il dit : Voici l'Agneau de Dieu, qui ôte le péché du monde.

L'on dit que cette alliance a été obtenue par David. 1 Chroniques 17:11 Quand tes jours seront accomplis et que tu iras auprès de tes pères, j'élèverai ta postérité après toi, l'un de tes fils, et j'affermirai son règne.

L'alliance avec David, 2sam 7 :16 cet autre contrat obtenu aussi par David, fonde le retour physique d'Israël dans son tout son territoire. Elle nous fait noter la conquête de toute la terre par un fils de David.

Il s'agit de Jésus-Christ gouvernant la terre entière avec une verge de fer en compagnie de « ses frères » ou l'Eglise et « les amis de l'époux » ce sont les 24 trônes.

L'alliance avec Jésus, la nouvelle alliance. Héb 8 :8

Fonde le commencement nouveau. Le gouvernement des nouveaux cieux et de la nouvelle terre. Dieu lui-même étant au centre de toutes choses.

1 Cor 15:27 Dieu, en effet, a tout mis sous ses pieds. Mais lorsqu'il dit que tout lui a été soumis, il est évident que celui qui lui a soumis toutes choses est excepté.

Cette alliance assure l'éternelle félicité. Elle est inconditionnelle et irrévocable.

La nouvelle alliance début en ce moment-là.

Ap 21:22 Je ne vis point de temple dans la ville ; car le Seigneur Dieu tout-puissant est son temple, ainsi que l'agneau.

Ne bafouons pas… le chemin est tout tracé… Suivons !

Le Commandement (Mitzvah, 22 fois), Le Commandement concerne ce qui est écrit. 2 Jn 1:5 Et maintenant, ce que je te demande, Kyria, — non comme te prescrivant un commandement nouveau, mais celui que nous avons eu dès le commencement, - c'est que nous nous aimions les uns les autres.

Jn 13:34 Je vous donne un commandement nouveau: Aimez-vous les uns les autres ; comme je vous ai aimés, vous aussi, aimez-vous les uns les autres.

Ps 119:19 Je suis un étranger sur la terre : Ne me cache pas tes commandements ! Les arrangements de Dieu sont établis bien avant notre naissance.
Et nous voilà nous débattant pour les accommoder à notre civilisation. Que Dieu réécrive dans sa loi, la pédophilie permise ou…
Lév 18:22 Tu ne coucheras point avec un homme comme on couche avec une femme. C'est une abomination.

Le Statut (Choq, 22 fois), précision est faite sur les limites fixées dans l'action.
Ps 119:23 Des princes ont beau s'asseoir et parler contre moi, Ton serviteur médite tes statuts.
Tous les arrogants sont des ignorants. Ils ignorent « les desseins de Dieux » arrêtés depuis… mais toi mon ami…
1 Jn 2:27 Pour vous, l'onction que vous avez reçue de lui demeure en vous, et vous n'avez pas besoin qu'on vous enseigne ; mais comme son onction vous enseigne toutes choses, et qu'elle est véritable et qu'elle n'est point un mensonge, demeurez en lui selon les enseignements qu'elle vous a donnés.
Tu ne dois rien ignorer des « dispensations de Dieu » et du minimum en chaque contenu. Tu dois savoir avec précision où tu vas. ...Eph 4:14 afin que nous ne soyons plus des enfants, flottants et emportés à tout vent de doctrine, par la tromperie des hommes, par leur ruse dans les moyens de séduction,

Les Préceptes (Piqqud, 21 fois), ***Ici l'action des témoins.*** 1 Cor 15:15 Il se trouve même que nous sommes de faux témoins à l'égard de Dieu, puisque nous avons témoigné contre Dieu qu'il a ressuscité Christ, tandis qu'il ne l'aurait pas ressuscité, si les morts ne ressuscitent point.
Le faux témoignage est l'apanage des religieux, de ceux qui disent des choses qu'ils n'ont pas pratiquées. Ils n'ont pas vu Dieu faire. Ce sont des faiseurs de fables.
Car Dieu fait au travers de nous.
Evitons les déclarations qui n'ont rien de formel, rien que des menteries.
Col 2:22 préceptes qui tous deviennent pernicieux par l'abus, et qui ne sont fondés que sur les ordonnances et les doctrines des hommes ? Quand nous annonçons le Dieu qui guérit, notre évangile doit se traduire en manifestation. Dieu se démontre.

L'ordonnance (Imrah 19 fois), Ps 119:58 Je t'implore de tout mon cœur : Aie pitié de moi, selon ta promesse !
Luc 7:7 C'est aussi pour cela que je ne me suis pas cru digne d'aller en personne vers toi. Mais dis un mot, et mon serviteur sera guéri.
C'est un arrangement spécifique pour un cas particulier. Il inclut le dynamisme de la Parole face à chaque situation.
Notons… Jean 21:25 Jésus a fait encore beaucoup d'autres choses ; si on les écrivait en détail, je ne pense pas que le monde même pût contenir les livres qu'on écrirait.

Cependant tout ce qui concerne d'autres points… et les Paroles nouvelles qui pourraient être dites, ne sortiront jamais du cadre des 22 Paroles dévoilées et mises par écrit.
Notons…le Kaph, accentué valeur 500, le Mem 600, le Nun 700, le Pé 800, le Tsadé 900 toutes accentuées qui porte « l'Aleph beth » à 27 lettres…
Dieu a encore des paroles en réserve pour ceux qu'il aime… ton cas y est inséré.
Il te dira une parole spécifique qui a valeur de loi, de serment…
Confie-toi en lui !
D'entre ses 22 paroles, Dieu en a confiés 12 aux hommes, mais plus encore. Il ne demande pas à l'homme d'accomplir les douze, mais à chaque partition du corps d'accomplir une seule Parole. C'est l'équipe qui accomplit toute la volonté de Dieu.

Nous savons que chaque Parole a une base source, un tronc pourvoyeur et des alliés en grand nombre qui soutiennent la Parole à accomplir :
Jos 10:12 Alors Josué parla à l'Eternel, le jour où l'Eternel livra les Amoréens aux enfants d'Israël, et il dit en présence d'Israël : Soleil, arrête-toi sur Gabaon, Et toi, lune, sur la vallée d'Ajalon !
Job 38:32 Fais-tu paraître en leur temps les signes du zodiaque, Et conduis-tu la Grande Ourse avec ses petits ?
Le mal de l'homme, c'est de s'être laissé envahir par « le pouvoir des choses et des êtres » qu'il avait nommé jadis. Rom 1:25… eux qui ont changé la vérité de Dieu en mensonge, et qui ont adoré et servi la créature au lieu du Créateur, qui est béni éternellement. Amen !
La vraie adoration reste l'exécution de la Parole qui est venue à vous. Pas une autre qui est dévolue à un autre.
Reste à ton poste !

Deut 6:6 Et ces commandements, que je te donne aujourd'hui, seront dans ton cœur.
Notre objectif dans le schéma, c'est de faire fructifier la parole reçue. Et nous ne sommes pas sans ressource.
Deut 30:14 C'est une chose, au contraire, qui est tout près de toi, dans ta bouche et dans ton cœur, afin que tu la mettes en pratique.
Le zodiaque, la lune, le soleil, la création entière sont les alliés de l'homme pour qu'il atteigne son but : adorer Dieu.
Adorer Dieu c'est faire sa volonté révélée : Luc 6:46 Pourquoi m'appelez-vous Seigneur, Seigneur ! Et ne faites-vous pas ce que je dis ?

Philémon… l'histoire d'un esclave… quand nous parlons d'esclave nous avons en vue le comportement de l'âme.
Ce livre est la pensée de l'Esprit sur le Mem…
Ou comment l'Amour se manifeste.

Le livre compte un seul chapitre pratique. Un esclave (Onésime, le serviteur utile) qui fugue mais que Paul ramène libre en Christ auprès de son maître.
Phi 1:10 Je te prie pour mon enfant, que j'ai engendré étant dans les chaînes, Onésime,
Une lettre convoyée par Tychique (fortuit, qui ne manque pas le but)
Au total, l'amour est un serviteur inévitable qui jamais ne manque son but : 1 Cor 12:31 Aspirez aux dons les meilleurs. Et je vais encore vous montrer une voie par excellence.
Rappelons que la Parole de ce livre est le « Hey, la femme en prière », référée à une tribu combative, Juda le bélier sacrificiel du mois de Nissan, le premier mois.
La femme en prière souligne la fermeté de notre espérance. Or… Héb 11:1 Or la foi est une ferme assurance des choses qu'on espère, une démonstration de celles qu'on ne voit pas. Tous ceux qui attendent sa parousie, espèrent, prie donc… une fois la chose obtenue, on ne prie plus, on espère plus. On ne jeûne plus.
Au total qui espère doit s'engager dans la voie ouverte par l'Amour.

L'amour et la justice… 1 Cor 13:7 elle excuse tout, elle croit tout, *elle espère tout, elle supporte tout.*
Onésime étant un esclave en fuite doit être ramené à son maître et subir la punition que mérite sa fugue, voir plus. Même converti entre temps. Et ce ne sera que justice.
1 Pie 2:18 Serviteurs, soyez soumis en toute crainte à vos maîtres, non seulement à ceux qui sont bons et doux, mais aussi à ceux qui sont d'un caractère difficile. C'est l'axiome qui nous demande d'accepter toute la volonté de Dieu même si elle est différente de la nôtre. Un esclave n'a pas de « vouloir propre », il est inscrit dans l'obéissance. Que ni votre conversion ou la conversion du maître… ne modifie vos rapports. Bien plus votre conversion, vous oblige à mieux comme esclave de Jésus. Un patron chrétien ne doit pas vous engager dans la familiarité.
Dieu est amour, mais il ne voudrait point nous voir enfreindre la loi impunément. La loi c'est la volonté exprimée de Dieu. La discuter ou l'enfreindre ou murmurer exprime notre incrédulité et notre rébellion. Incrédulité parce que nous ne croyons pas que les propos de Dieu sont formellement pour notre bien, il fait concourir toutes choses à notre bien.
1 Pie 4:15 Que nul de vous, en effet, ne souffre comme meurtrier, ou voleur, ou malfaiteur, ou comme s'ingérant dans les affaires d'autrui.
1 Pie 4:16 Mais si quelqu'un souffre comme chrétien, qu'il n'en ait point honte, et que plutôt il glorifie Dieu à cause de ce nom.
Citoyen d'un pays ? Respectez les lois de la contrée ou subissez les rigueurs de la Loi. Jésus vous accompagnera en prison.
C'est de l'amour que de s'en tenir à son rôle sans fumisterie. Que la femme reste femme soumise, que l'homme assume l'amour dû et l'esclavage se tienne dans sa condition.

Nous accomplissons ainsi la loi de l'amour comme Jésus. Phil 2:6 lequel, existant en forme de Dieu, n'a point regardé comme une proie à arracher d'être égal avec Dieu, C'est au travers de ta conduite en société que tu indiques ton espérance. Que tu as une espérance Véritable. Que tu aimes Jésus-Christ. !

La prière de la foi : l'Eglise, une femme en prière.

Le « Hey… » Est une femme en prière, les yeux fixé sur l'horizon au travers d'une fenêtre. Elle souligne une quête, une aspiration : le retour du Seigneur en sa demeure. Le fils prodigue en est l'expressivité. C'est un fils, non un inconnu ou un étranger. Dans sa fugue, Saint-Esprit produit l'effet du retour… c'est toujours Dieu qui imprime en nous ce vouloir et ce faire. « Luc 15:18 Je me lèverai, j'irai vers mon père, et je lui dirai : Mon père, j'ai péché contre le ciel et contre toi, »

Plus en amont, il y eut une séparation dans les rapports…

Ge 3:24 C'est ainsi qu'il chassa Adam ; et il mit à l'orient du jardin d'Eden les chérubins qui agitent une épée flamboyante, pour garder le chemin de l'arbre de vie. Mais il est écrit : Psaumes 119:8 Je veux garder tes statuts : Ne m'abandonne pas entièrement !

C'est par notre prière que nous hâterons sa Venue. La réconciliation avec Dieu : 2 Cor 5:20 Nous faisons donc les fonctions d'ambassadeurs pour Christ, comme si Dieu exhortait par nous ; nous vous en supplions au nom de Christ : Soyez réconciliés avec Dieu !

C'est lui qui a ouvert le chemin de la repentance : 1 Jean 1:9 Si nous confessons nos péchés, il est fidèle et juste pour nous les pardonner, et pour nous purifier de toute iniquité.

Pendant ce temps…

Dan 6:10 Lorsque Daniel sut que le décret était écrit, il se retira dans sa maison, où les fenêtres de la chambre supérieure étaient ouvertes dans la direction de Jérusalem ; et trois fois le jour il se mettait à genoux, il priait, et il louait son Dieu, comme il le faisait auparavant.

La direction de Jérusalem implique l'Est, la porte orientale, dans la direction du mont des oliviers.

Nous parlons de l'une des douze portes murée à ce jour. Attendant le retour du Seigneur.

En attendant, c'est la prospérité du temps des nations. L'orgueil grandissant de Babylone. L'envahissement de l'Eglise par « les richesses ». C'est l'éclosion de Laodicée.

1Jn 2:15 N'aimez point le monde, ni les choses qui sont dans le monde. Si quelqu'un aime le monde, l'amour du Père n'est point en lui…

Notre amour manifester amplifie « notre désir le voir Revenir… »

Voilà le contexte.

Pendant ce temps, l'Eglise doit rester dans la prière, trois fois par Jour. Elle est exprimée en trois actions ***: je me lèverai… j'irai vers… je lui dirai***.

Entendons que La Prière c'est :
L'Adoration ou l'accomplissement… ou prendre position pour… ou le Faire visible de la volonté de Dieu malgré les interdits ou les dérapages. Ce que fit Daniel malgré le décret royal.
Jac 1:27 La religion pure et sans tache, devant Dieu notre Père, consiste à visiter les orphelins et les veuves dans leurs afflictions, et à se préserver des souillures du monde. Ces trois actions sont comme des crédos, des lois écrites sur la table de nos cœurs. Même si tout vacille autour de nous, même si notre société part en déliquescence, nous devons visiter les orphelins, pourvoir aux besoins de la veuve et se préserver des souillures du monde malgré les réformes liberticides introduites dans les constitutions.
Ici nous offrons des victimes spirituelles. C'est au milieu des hommes que se tient notre adoration. Nous confessions notre choix. Nous soulignons que nous ne sommes pas des porcs, des chiens ne pouvant identifier leur mère et se confondant avec leur fille ou leur sœur. Nous sommes debout dans une confession devant tous.

L'Intercession du peuple, ou la réquisition constante « des autres pour nos soins, nos équipements ». Lorsque nous nous réunissons, c'est pour manger cette sorte de repas qui ne laisse point de place à… « chacun prend son propre repas » « 1 Cor 11:30 C'est pour cela qu'il y a parmi vous beaucoup d'infirmes et de malades, et qu'un grand nombre sont morts. »
C'est le sens profond du repas du Seigneur. Ps 23:5 Tu dresses devant moi une table, En face de mes adversaires ; Tu oins d'huile ma tête, Et ma coupe déborde. Ou encore…
Jac 5:14 Quelqu'un parmi vous est-il malade ? Qu'il appelle les anciens de l'Eglise, et que les anciens prient pour lui, en l'oignant d'huile au nom du Seigneur… la maladie c'est une gêne qui grippe l'engrenage l'empêchant de tourner régulièrement. L'intercession c'est l'effet d'asticoter l'autre, de le soigner aux fins qu'il se relève ragaillardi pour courir dans le chemin.

La Communion… la communion souligne l'union sinon l'échange avec l'autre. 1 Cor 10:20 Je dis que ce qu'on sacrifie, on le sacrifie à des démons, et non à Dieu ; or, je ne veux pas que vous soyez en communion avec les démons.
Notre communion est avec Dieu et avec son fils. Trois éléments du Lieu Très Saint nous y convient : Héb 9:4 …l'arche de l'alliance, entièrement recouverte d'or. Il y avait dans l'arche ***un vase d'or contenant la manne, la verge d'Aaron, qui avait fleuri, et les tables de l'alliance***.
Ces trois éléments figurent les trois de notre matrice : Aleph, Mem, Shin.
Ce sont la Loi à méditer, le Christ ressuscité en qui est ancrée notre foi, avec lui c'est le revêtement d'un caractère nouveau Saint-Esprit qui nous impacte sa férocité. Saint-Esprit c'est l'éducation à l'action. 2 Tim 1:7 Car ce n'est pas un esprit de timidité que Dieu nous a donné, mais un esprit de force, d'amour et de sagesse.

Notre force est en Dieu, notre amour en Christ et notre sagesse est la manifestation de l'Esprit survenant sur nous.
Malgré la déportation ou l'exil, rien ne doit nous empêcher d'accomplir ce qui est prescrit. Toute la prière est action.
Saint-Esprit agit donc dans nos vies en fonction de « notre alliance » avec Dieu. De ce qui est écrit à notre propos. Chacun agissant dans une porte précise.
Entendons que le Docteur continuera de recevoir tout ce qui incombe à sa charge de plus en plus…

Trois choses encore nous sont impactées dans la sagesse de l'Esprit:
Les dons de l'Esprit…
*Les dons de Ministères…*1 Cor 12:29 Tous sont-ils apôtres ? Tous sont-ils prophètes ? Tous sont-ils docteurs ?
Les dons d'aide… 1 Cor 12:30 Tous ont-ils le don des guérisons ? Tous parlent-ils en langues ? Tous interprètent-ils ?
Ces dons concernent notre sacrificature. Jac 5:14 Quelqu'un parmi vous est-il malade ? Qu'il appelle les anciens de l'Eglise, et que les anciens prient pour lui, en l'oignant d'huile au nom du Seigneur ;
Les dons d'administration… 1 Cor 12:28 … puis ceux qui ont les dons, de secourir, de gouverner...
Nous ne limitons rien. Dieu est pour le corps ou pour les extérieurs.

Le fruit de l'Esprit… Gal5:22 Mais le fruit de l'Esprit, c'est l'amour, la joie, la paix, la patience, la bonté, la bénignité, la fidélité, 23 la douceur, la tempérance ; La loi n'est pas contre ces choses.
Il s'agit là de la texture de Jésus à nous revêtir en l'homme du milieu.
C'est au milieu de nous que le fruit est manifesté en vue de consolider le corps, notre unité.
Col 3:14 Mais par-dessus toutes ces choses revêtez-vous de la charité, qui est le lien de la perfection.

Les œuvres de l'Esprit… 2 Pie 1:5 à cause de cela même, faites tous vos efforts pour joindre à votre foi la vertu, à la vertu la science, 6 à la science la tempérance, à la tempérance la patience, à la patience la piété, 7 à la piété l'amour fraternel, à l'amour fraternel la charité.
Nom 12:3 Or, Moïse était un homme fort patient, plus qu'aucun homme sur la face de la terre.
« Ces choses… » sont les démonstrations visibles d'un être fait : l'amour est patient…
2 Pi 1:8 Car si ces choses sont en vous, et y sont avec abondance, elles ne vous laisseront point oisifs ni stériles pour la connaissance de notre Seigneur Jésus-Christ.

L'un disait tantôt, les dons « ce n'est pas important », c'est le caractère qui marque que tu as Saint-Esprit en toi… 1 Cor 14:4 Celui qui parle en langue s'édifie lui-même ; celui qui prophétise édifie l'Eglise.
S'édifie… ou se construit…se développe… encourage la croissance dans la sagesse chrétienne, l'affection, la grâce, la vertu, la sainteté, la bénédiction. Croître dans la sagesse et la piété…
Ignorantus…ou « l'ignorance tue ». Si les dons sont importants sinon cela ne serait pas souligné. Toutefois les dons ne sont pas l'insigne de notre maturation dans le Seigneur. Nous l'avons vu, Salomon avait reçu la sagesse en don mais cela ne l'a pas gardé de la disqualification. C'est l'édification de l'homme du milieu, notre âme qui nous épargnera les surprises.
Ce que je crois qu'il ignore, qu'être Pasteur… est un don… comme le Parler en langue. Attention… Saint-Esprit fournit des packages… Mépriser un seul aspect… c'est tout renier.
1 Cor 14:18 Je rends grâces à Dieu de ce que je parle en langue plus que vous tous…

Oh… il y a des éminences qui méprisent cela. Une chose élémentaire. Les voilà qui désirent la sagesse sans vouloir passer par les « gloglotis» de l'enfance.
Sacrés surdoués !
N'éteignez pas l'Esprit dans votre vie !...

Déjà il fait soir… leurs fils et leurs filles… prophétiseront.
Act 2:16 Mais c'est ici ce qui a été dit par le prophète Joël:…
Joël 2:28 Après cela, je répandrai mon esprit sur toute chair ; Vos fils et vos filles prophétiseront, Vos vieillards auront des songes, Et vos jeunes gens des visions.
Nous avons ici deux versets célèbres de la Parole. L'un souligne un accompli. L'autre que la chose, la même sans doute, reste à venir. Pour les deux il s'agit de l'effusion de Saint-Esprit.
Ce sont deux évènements qui concernent deux peuples de Dieu :
Jean 14:26 Mais le consolateur, l'Esprit-Saint, que le Père enverra en mon nom, vous enseignera toutes choses, et vous rappellera tout ce que je vous ai dit.
Ce Consolateur « enseignera » ce que nous savons des « 5 derniers livres des prophètes », de l'Evangile de Matthieu à Actes des Apôtres » et les 22 Epitres apostoliques.

L'autre peuple identifiable, par la «Révélation de la Torah et servi 17 autres prophètes » est aussi connu : Deut 9:10 et l'Eternel me donna les deux tables de pierre écrites du doigt de Dieu, et contenant toutes les paroles que l'Eternel vous avait dites sur la montagne, du milieu du feu, le jour de l'assemblée. Jean 1:45 Philippe rencontra Nathanaël, et lui dit : Nous avons trouvé celui de qui Moïse a écrit dans la loi et dont les prophètes ont parlé, Jésus de Nazareth, fils de Joseph.

Maintenant donc nous voyons que la prophétie de Joël concerne ce « peuple-là » qui connaîtra aussi sa Pentecôte. Ce peuple n'a pas connu l'avènement des épîtres qui sont essentiellement activés par Saint-Esprit. Nous nous avons la totalité de la Parole pour comprendre les choses de la fin des temps.
Précisément… « Après cela… » L'évènement dont il s'agit en Actes 2:17 Dans les derniers jours, dit Dieu, je répandrai de mon Esprit sur toute chair …
Nous savons que la planification s'étend sur « 7 Jours » que le 8ème jour est un commencement nouveau.
« Les derniers » « étant pluriel » concernent le 6ème et le 7ème jour.
Le 6ème jour étant les temps de l'Eglise. Le 7ème jour concerne pour l'essentiel le rétablissement du Royaume de David. Israël accueillant triomphalement son Messie venu le délivrer de toute forme d'oppression.

C'est pendant ces temps que « l'homme de péché » « livré publique en spectacle » ou mis à nue, par le temps de l'Eglise, sera pris et jeté de l'étant de feu après qu'Israël eut reconnu son Messie. Parce que cette guerre sera menée par l'Eglise et Israël, nous comprenons mieux la présence de Saint-Esprit » en toute chair. L'Eglise ayant vécu sa « Pentecôte » et qui revient glorieuse aux « côtés de son Epoux » n'est pas concernée par cette deuxième effusion.
Que dire… Que Saint-Esprit est répandu pour la présente dispensation.
Act 2:16 Mais c'est ici ce qui a été dit par le prophète Joël…
Interpelant les témoins de la première effusion. Act 2:1 Le jour de la Pentecôte, ils étaient tous ensemble dans le même lieu…
Le 1er jour de la Pentecôte a eu lieu… Rom 8:9 Pour vous, vous ne vivez pas selon la chair, mais selon l'esprit, si du moins l'Esprit de Dieu habite en vous. Si quelqu'un n'a pas l'Esprit de Christ, il ne lui appartient pas.
Voilà notre avertissement !
Et nous vous l'avons signifié. Saint-Esprit est un tout. Vous ne pouvez être remplis d'Amour et moquer le Parler en langues. Ou n'avoir engrangé ni la foi ni la patience… ni la tempérance.
Et que … être Pasteur ou Docteur… est un don. Tous ceux-là sont du nombre de ceux que nous nommons « Saint-Esprit et ses Hommes ».
Pour cette génération, il n'y aura plus de deuxième « descente du Saint-Esprit ». Evitez les fausses prières et les lamentations inutiles, évitons le chant : Saint-Esprit viens, descends… ». Saint-Esprit est présent au milieu de l'Eglise et en chacun de ceux qui croient au nom de Jésus.
Saint-Esprit est au milieu de l'Eglise. Il est dans chaque croyant qui verra la suite expérimentale dans sa vie au travers des « Dons de l'Esprit » de l'être de l'Esprit « qu'est l'amour » et des œuvres de l'Esprit, telle la patience, la vertu…

Maintenant encore l'appel est pressant… Deut 26:16 Aujourd'hui, l'Eternel, ton Dieu, te commande de mettre en pratique ces lois et ces ordonnances ; tu les observeras et tu les mettras en pratique de tout ton cœur et de toute ton âme.
Aujourd'hui… toux ceux qui espèrent en Christ sont invités à vivre une expérience pratique avec Saint-Esprit : l'Esprit sur vous, l'Esprit en vous, l'Esprit survenant sur vous…
Act 1:8 Mais vous recevrez une puissance, le Saint-Esprit survenant sur vous, et vous serez mes témoins à Jérusalem, dans toute la Judée, dans la Samarie, et jusqu'aux extrémités de la terre.
N'écoutez pas l'augure vantard et ignorant… humblement allez à la conquête de ce qui fait votre vie.
Luc 11:13 Si donc, méchants comme vous l'êtes, vous savez donner de bonnes choses à vos enfants, à combien plus forte raison le Père céleste donnera-t-il le Saint-Esprit à ceux qui le lui demandent.
Pie 1:5 à vous qui, par la puissance de Dieu, êtes gardés par la foi pour le salut prêt à être révélé dans les derniers temps ! Oui… tu es apprêté maintenant… pour participer glorieusement à la « pentecôte qui vient ». Non plus comme bénéficiaire, beaucoup plus comme dispensateur, comme Sacrificateur. Comme un soldat d'expérience dans la guerre pour le Jour du Seigneur.
Ton entraînement c'est pour maintenant : Luc 7:22 Et il leur répondit : Allez rapporter à Jean ce que vous avez vu et entendu : les aveugles voient, les boiteux marchent, les lépreux sont purifiés, les sourds entendent, les morts ressuscitent, la bonne nouvelle est annoncée aux pauvres.

Maintenant encore en chaque jour, il y a un matin et un soir… le soir de l'Eglise est arrivé…
1 Tim 4:1 Mais l'Esprit dit expressément que, dans les derniers temps (de notre jour), quelques-uns abandonneront la foi, pour s'attacher à des esprits séducteurs et à des doctrines de démons,
Lève-toi et va de l'avant…

Shin, la force de la dent, la puissance du feu.
La lettre 21 de l'Aleph Bet. Valeur 300, rattachée au Ghimel, le chameau, celui qui porte le fardeau durant la marche, valeur 3 et à la canne ou le bâton de l'autorité, le Lamed valeur 30.
Le Shin… Constitué de trois « Yod ou iota, valeur 10 » comme posé sur trois « Vav, l'ongle d'homme », valeur 6. L'ongle, le briseur d'os. Les dix ongles des doigts et des pieds… symbolisent l'exécution vigoureuse de la Parole sans sentimentalité. Nous « foulons des contrées des pieds » et nous les assujettissons. Chaque contrée est dominée par une domination, une principauté, nous voilà appeler à la conquête. La conversion de chacun des vôtres, d'un membre de votre famille commande un combat. Une victoire sur les choses d'en haut et des choses sur la terre. Mat 18:18

Je vous le dis en vérité, tout ce que vous lierez sur la terre sera lié dans le ciel, et tout ce que vous délierez sur la terre sera délié dans le ciel. La rigueur sans retenue dans l'application de la loi.
Lév 5:8 Il les apportera au sacrificateur, qui sacrifiera d'abord celui qui doit servir de victime expiatoire. Le sacrificateur lui ouvrira la tête avec l'ongle près de la nuque, sans la séparer…

Le Shin, valeur 300, est comme les trois branches intérieur de la Ménorah : esprit âme et corps. L'âme étant arrimée en sa base à l'esprit, souligne la bonne communion du couple : Jean 14:16 Et moi, je prierai le Père, et il vous donnera un autre consolateur, afin qu'il demeure éternellement avec vous,…
Le Shin est un trident ou une tricorne. Sa présentation suggère qu'une quatrième corne est attendue. Elle aurait pour assisse le premier Waw, dans les temps futurs. La révélation des puissances serait ainsi accomplie.
Shin étant la puissance du feu après celle de l'air et de l'eau qui lui est marcottée. La Puissance de la terre est attendue. C'est la connaissance du côté féminin de l'arbre de vie : l'Epouse de l'Agneau, le Beth… un dédoublement de l'Aleph.

Le feu, Shin est synonyme de rigueur et l'eau, Mem, de miséricorde. C'est le premier dédoublement. Mem est aussi un bras vengeur, le fils de la femme dont le but est d'écraser la tête du serpent, ou encore le déluge ravageur…
Shin est un arc tendu pour tirer une dent (vengeance) ou une flèche, pour diviser ou couper en deux. Shin est une arme offensive et dissuasive. Celui qui barre la route ou arrête l'avancée ennemie.
Shin c'est le sifflement d'une flèche tirée.
Paul fait noter… Rom 8:9 Pour vous, vous ne vivez pas selon la chair, mais selon l'esprit, si du moins l'Esprit de Dieu habite en vous.
***Si quelqu'un n'a pas l'Esprit de Christ, il ne lui appartient pas*.**

Saint-Esprit est l'esprit de Dieu, l'esprit de Jésus et l'Esprit Saint.
Nous parlons donc de livraison d'hommes des trois éléments ou du façonnement d'hommes sous la houlette des trois éléments.
Au total, des hommes sont faits Captifs puis façonnés pour servir de Guerriers… Enfin ils sont couverts de gloire et d'honneur…
Eph 4:8 C'est pourquoi il est dit : Etant monté en haut, il a emmené des captifs, Et il a fait des dons aux hommes.
Trois cent… donc est un nombre de conquête réussie. Comme le nombre de renards de Samson…
Jug 15:4 Samson s'en alla. Il attrapa trois cents renards, et prit des flambeaux ; puis il tourna queue contre queue, et mit un flambeau entre deux queues, au milieu.
Les renards craignant pour leur vie, ont mis le feu aux plantations ennemies.

Shin sème la confusion dans le camp ennemi, en tournant leurs armes contre eux-mêmes.
Les renards sont des esprits de mort… résiste leur avec une foi ferme. 2 Sam 19:34 Mais Barzillaï répondit au roi : Combien d'années vivrai-je encore, pour que je monte avec le roi à Jérusalem ?
Ce type d'inquiétude est mauvais pour la suite des opérations. « Non je mourrai pas, je vivrai pour… »
Ou la longueur en coudées de l'arche de Noé, liaison entre une humanité perverse et condamnée et une autre, purifiée par l'eau du déluge et renaissante.
Gen 6:15 Voici comment tu la feras : l'arche aura trois cents coudées de longueur, cinquante coudées de largeur et trente coudées de hauteur.
Notre salut est une œuvre d'art des « trois » pour échapper à la première mort, le déluge.
Ou les 300 de Gédéon contre Madian…
Jug 7:7 Et l'Eternel dit à Gédéon : C'est par les trois cents hommes qui ont lapé, que je vous sauverai et que je livrerai Madian entre tes mains. Que tout le reste du peuple s'en aille chacun chez soi.
Pour vaincre l'adversité point n'est besoin de quantité. Mais d'hommes humbles animés par le feu. 2 Tim 1:6 C'est pourquoi je t'exhorte à ranimer le don de Dieu que tu as reçu par l'imposition de mes mains.
Ne néglige aucun don… surtout le « parler en langues ». C'est le langage d'intercession de Saint-Esprit.

Shin qui représente Saint-Esprit, est un signe caractéristique par son ambiguïté : A la fois mouvement et non mouvement dans la stabilité, le feu est fournisseur de chaleur ou de réconfort. Mais aussi celui de l'embrasement destructeur,
C'est un chuchotement et un sifflement, l'intelligence et la folie. Il nous montre la voie du ciel, celle de la terre, la rigueur et la miséricorde.
En fait Shin… est une lettre secrète… qui tient cachée en elle le chemin du repentir, du retour à la maison ("shouw", shin-waw-bet) : elle peut le divulguer à celui qui cherche et qui le mérite.
Luc 15:17 Etant rentré en lui-même, il se dit : Combien de mercenaires chez mon père ont du pain en abondance, et moi, ici, je meurs de faim !
Luc 15:18 Je me lèverai, j'irai vers mon père, et je lui dirai : Mon père, j'ai péché contre le ciel et contre toi,…
Phil 2:13 car c'est Dieu qui produit en vous le vouloir et le faire, selon son bon plaisir.
Les Repentirs spectaculaires avec ovation, n'en sont pas.

Marchez selon l'esprit
Consultant « l'Aleph beth », trois lettres ont une valeur mathématique de trois.

Le Gimelh 3 ou la marche du chameau, le Lamed 30 ou celui qui s'appuie sur sa canne et le Shin 300, les crocs destructeurs de l'animal féroce, le trident.
Le Gimelh, c'est le chemin tracé par la Loi. Le Lamed, c'est l'exhortation ou l'appui du prophète et les capacités conférées dans l'âme. Enfin le Shin c'est l'action telle qu'enseigne les Epitres.
La loi a été donnée pour qu'on la lise couramment :
Jos 1:8 Que ce livre de la loi ne s'éloigne point de ta bouche (la loi, le Yod); médite-le jour et nuit, (le Lamed) pour agir fidèlement selon tout ce qui y est écrit (le Shin) ; car c'est alors que tu auras du succès dans tes entreprises, c'est alors que tu réussiras.
Aucune réussite pour toi si l'un des volets de la méthode te déplais.
Marchez selon Saint-Esprit implique « l'avoir », « le faire corps avec » et enfin « le faire selon le modèle enseigné ».
Si quelqu'un n'a pas l'Esprit, n'apprend pas sa communion, comme suivra-t-il ses instructions ?
Marchez… est un terme militaire qui annonce une conquête, l'attaque.

Shin a la valeur de 300,
Ce qui implique : Jean 16:13 Quand le consolateur sera venu, l'Esprit de vérité, il vous conduira dans toute la vérité ; car il ne parlera pas de lui-même, mais il dira tout ce qu'il aura entendu, et il vous annoncera les choses à venir.
Mais au paravent… Jean 6:38 car je suis descendu du ciel pour faire, non ma volonté, mais la volonté de celui qui m'a envoyé.
C'est pourquoi… que Personne ne croit qu'il peut faire ce qui lui semble bon. L'homme le quatrième personnage dans la suite a « trois volontés » à suivre : Faire ce que Saint-Esprit dit de faire, c'est plus simple.

L'Ecclésiaste… La loi du Shin…
12 chapitres fortuitement… 4*3…il s'agit de 4 connaissances…la dernière est attendue. « Le Chef de l'assemblée »… Hab 1:12 N'es-tu pas de toute éternité, Eternel, mon Dieu, mon Saint ? Nous ne mourrons pas ! O Eternel, tu as établi ce peuple pour exercer tes jugements ; O mon rocher, tu l'as suscité pour infliger tes châtiments.
Dérision… Ps 62:9 Oui, vanité, les fils de l'homme ! Mensonge, les fils de l'homme ! Dans une balance ils monteraient Tous ensemble, plus légers qu'un souffle.

Nous avons cette grande révélation en ce livre: 1 Cor 8:6 …pour nous il n'y a qu'un seul Dieu, le Père, de qui viennent toutes choses et pour qui nous sommes, et un seul Seigneur, Jésus-Christ, par qui sont toutes choses et par qui nous sommes.
Il est le Maître… Gen 14:19 Il bénit Abram, et dit : Béni soit Abram par le Dieu Très-Haut, maître du ciel et de la terre !

Il est le Principal, le souverain absolu et il fait ce qu'il veut comme il lui plait. Toutefois, il n'y a en lui point de dictature ou de tyrannie. Etant gouverné par son Amour.

Selon Jean :
Le souverain Berger... Jn 10:11 Je suis le bon berger. Le bon berger donne sa vie pour ses brebis. Le mercenaire ou l'aventurier prend la fuite.
Il nous a fait pour un but qu'il s'est juré par serment d'atteindre.
Jos 21:45 De toutes les bonnes paroles que l'Eternel avait dites à la maison d'Israël, aucune ne resta sans effet : toutes s'accomplirent.
Le berger est un entraîneur...Lc 10:19 Voici, je vous ai donné le pouvoir de marcher sur les serpents et les scorpions, et sur toute la puissance de l'ennemi ; et rien ne pourra vous nuire.
L'Esprit de la Rédemption... Es 43:1 Ainsi parle maintenant l'Eternel, qui t'a créé, ô Jacob ! Celui qui t'a formé, ô Israël ! Ne crains rien, car je te rachète, Je t'appelle par ton nom : tu es à moi !
L'idée du « rachat » souligne une trahison un temps et une réconciliation dans la suite des temps. Ici la trahison, c'est l'incapacité d'accomplir ce qui était attendu.
Le héros a trébuché un temps face à l'ennemi. Maintenant requinqué, il repart à l'assaut. Cette fois il est plus que vainqueur.
Rom 8:37 Mais dans toutes ces choses nous sommes plus que vainqueurs par celui qui nous a aimés.

Selon Jude :
« J'ai trouvé... l'homme... »
Un autre fit ailleurs cette déclaration tendancieuse. Ps 144:3 Eternel, qu'est-ce que l'homme, pour que tu le connaisses ? Le fils de l'homme, pour que tu prennes garde à lui ?
Dans toute la création, l'homme est des plus fragiles et des plus éphémères. Job 14:2 Il naît, il est coupé comme une fleur ; Il fuit et disparaît comme une ombre.
Ps 39:6 Oui, l'homme se promène comme une ombre, Il s'agite vainement ; Il amasse, et il ne sait qui recueillera.
Satan nota que « ce vaurien qui a mangé son bien avec les prostituées » était le « chouchou de Dieu ». Cela l'irritait.
Job 2:4 Et Satan répondit à l'Eternel: Peau pour peau ! tout ce que possède un homme, il le donne pour sa vie.
Il provoqua un pari en désignant le champion de Dieu à sa place. Job, « un homme supérieur en intégrité », plus qu'aucun homme sur la terre. Il lui enleva biens, possessions, enfants et même sa femme et « ses amis vinrent le convaincre de culpabilité en vain.
Au final... Job 2:10 ...En tout cela Job ne pécha point par ses lèvres.

C'était avec fierté, qu'il disait : Job 2:3 L'Eternel dit à Satan : As-tu remarqué ***mon serviteur Job*** ? Il n'y a personne comme lui sur la terre ; c'est un homme intègre et droit, craignant Dieu, et se détournant du mal. Il demeure ferme dans son intégrité, et tu m'excites à le perdre sans motif.
Dieu a parié sur nous, ne le décevons pas !

J'ai trouvé… l'homme… Actes 13:22 puis, l'ayant rejeté, il leur suscita pour roi David, auquel il a rendu ce témoignage : ***J'ai trouvé David***, fils d'Isaï, homme selon mon cœur, qui accomplira toutes mes volontés.
L'homme est le maillon manquant pour « finaliser la divinité ». Ils seront quatre, non plus trois.
Pourquoi Dieu a-t-il parié sur l'homme et pas sur les Anges pourtant supérieurs en force ?
2 Cor 3:5 Ce n'est pas à dire que nous soyons par nous-mêmes capables de concevoir quelque chose comme venant de nous-mêmes. Notre capacité, au contraire, vient de Dieu.
Or, il y a trois choses qui demeurent : la foi, l'espérance et l'amour. Puis vient …
Héb 11:1 Or la foi est une ferme assurance des choses qu'on espère, une démonstration de celles qu'on ne voit pas.
Parce que la foi vient de Dieu, que l'espérance est l'être même de Jésus et que l'amour anime toutes les manifestations de Saint-Esprit.
Si quelqu'un n'a pas la foi, il ne peut trouver l'amitié de Dieu. S'il quelqu'un ne connait pas l'amour, l'impuissance anime ses œuvres, il est stérile. Si quelqu'un est incapable de sacrifice cher…il demeure seul.
Dieu a trouvé un être capable de se sacrifier parce que croyant en la résurrection… de manifester son amour… c'est l'homme qu'il a fait ainsi. Il nous a fait homme pour mieux nous hisser à sa hauteur.

Or l'amour est une chose stupide : ***1 Cor 13:7 elle excuse tout, elle croit tout, elle espère tout, elle supporte tout…***
Cette foi, cette espérance, cet amour… si Satan en avait eu vent… il n'aurait pas engagé son stupide pari. Dieu jamais ne sort perdant de quelque compétition, ses héros sont aguerris.
Rom 5:5 Or, l'espérance ne trompe point, parce que « l'amour de Dieu est répandu dans nos cœurs » par le Saint-Esprit qui nous a été donné.
Chacune « des trois personnes de la divinité » en pariant sur l'homme y ont investi de leur être. L'homme est un investissement gagnant de « la trinité ».
Si les Anges servent Dieu, si les oiseaux le chantent tous les matins, si les minéraux collaborent… ce n'est pas par Amour mais par crainte.
C'est l'amour de Dieu en nos cœurs qui nous fait parler, parlementer et quereller Dieu… parce que cet amour sème des sentiments de liberté, d'amitié, de parenté en nos cœurs…

Aucun enfant n'est vraiment correcte en ses comportements…Malgré ses bévues, Dieu jamais n'a mis l'homme au rebus pour se choisir un animal… ***Ps 137:5 Si je t'oublie, Jérusalem, Que ma droite m'oublie !***
Es 49:15 Une femme oublie-t-elle l'enfant qu'elle allaite ? N'a-t-elle pas pitié du fruit de ses entrailles ? Quand elle l'oublierait, Moi je ne t'oublierai point.

C'est cet amour qui le fait frémir comme la mère poule… rageur comme l'aigle volant au-dessus de sa couvée… Dieu est notre Père.
Ap 3:9 Voici, je te donne de ceux de la synagogue de Satan, qui se disent Juifs et ne le sont pas, mais qui mentent ; ***voici, je les ferai venir, se prosterner à tes pieds, et connaître que je t'ai aimé.***

Ephésiens… le livre de Saint-Esprit qui justifie la prière de la femme….
Au nom de Jésus, tout genou fléchira…
Voici l'homme… un homme Jésus… capable de traverser la mort et de vivre éternellement. Jésus-Christ est le nom nouveau de l'homme, Adamah.
Marc 11:22 Jésus prit la parole, et leur dit : ***Ayez foi en Dieu. (Recevez la foi de Dieu)***
1 Jean 3:2 Bien-aimés, nous sommes ***maintenant enfants*** *de* ***Dieu,***
Et ce que nous serons n'a pas encore été manifesté ;
Mais nous savons que, lorsque cela sera manifesté,
Nous serons semblables à lui,
Parce que nous le verrons tel qu'il est*.*

NE COURS PAS EN VAIN... !

Nous savons que Jésus est « The prophète par excellence ». Il est le rabbi de la parole. Il est la Parole. Il a été fait chair afin de subir dans sa chair, les conséquences du péché. Il a été la chair qui a « aspiré » tous les péchés du monde entier. Il a vécu dans sa chair tout ce que nous traversons vous et moi. Il est dit que : Jas 5:17 ***« Elie était un homme de la même nature que nous ».***
« Cette nature d'homme »...ou Ps 103:14 Car il sait de quoi nous sommes formés, Il se souvient que nous sommes poussière... Cette nature nous a valu un autre soutien fort... Jean 16:7 Cependant je vous dis la vérité: *il vous est avantageux que je m'en aille*, car si je ne m'en vais pas, ***le consolateur ne viendra pas vers vous*** ; mais, si je m'en vais, je vous l'enverrai.

Ce prophète est un homme pris du milieu des hommes. Un homme qui a été parfait au travers de la souffrance. Les épreuves sont faites pour aguerrir notre âme.
Puis nous découvrons qu'il est « The Oint de Dieu », suite à tout ce qu'il avait traversé avec succès. Il est désigné Administrateur des biens présents et à venir. Il a reçu l'onction pour rassembler autour de lui, d'autres hommes de la même nature que Lui. Il est le premier d'une postérité qui « marcherait à sa suite ». Il est le fiancé de cette multitude qui en tout point est semblable à Lui. 2 Cor 11:2 Car je suis jaloux de vous d'une jalousie de Dieu, parce que je vous ai fiancés *à un seul époux, pour vous présenter à Christ comme une vierge pure.* Col 1:28 C'est lui que nous annonçons, exhortant tout homme, et instruisant tout homme en toute sagesse, afin de présenter à Dieu tout homme, devenu parfait en Christ. Nous détenons une double destinée : être l'épouse, être l'ami de l'époux.

Il y a un double aspect : l'un est intime, l'autre est action, activité. C'est pourquoi, Il demeure l'avatar parfait de deux types de parole :

- Jas 1:22.... ***et ne vous bornez pas à l'écouter***, en vous trompant vous–mêmes par de faux raisonnements.
- ***Mettez en pratique la parole,***

L'on dira que la foi de Dieu vient « de ce qu'on entend » non de ce qu'on voit. Au travers de votre lecture ou méditation, vous devez entendre... pour que votre foi soit active et parfaite lorsque vous y ajoutez la pratique.

Tout prophète à la fâcheuse tendance de prouver sa maîtrise de la parole, à faire « des révélations de son savoir ». Toutefois seule la qualité du fruit porté, détermine l'onction véritable. Notons qu'il y a plusieurs dons, plusieurs ministères. Toutefois, Il n'y a qu'un fruit : le fruit de l'Esprit, l'Amour.
Tout oint de Dieu est donc facilement identifiable. Il n'y a eu qu'un seul Moïse et un seul Aaron. Un seul Job ayant subi une épreuve unique dans toute l'histoire de la Bible: Job 2:3 L'Éternel dit à Satan : As–tu remarqué mon serviteur Job ? Il n'y a personne comme lui sur la terre ; c'est un homme intègre et droit, craignant Dieu, et se détournant du mal.
Aucun jumeau n'est vraiment semblable à l'autre en tout point. Chacun des enfants de Dieu est Unique en son genre, Dieu veut des « fils uniques », particuliers mais ayant le même esprit de gagneur. Des espèces rares pour une communauté rare.
Job n'aurait point vécu ce qu'il a traversé en son temps si... Le principe de vie que Dieu défendait en toisant Satan… N'était pas Formé en Lui. Dieu aurait envoyé un autre pour cette mission.

C'est un fils unique pour une mission unique. Comprenez que Gédéon et ses trois cent étaient une équipe unique pour battre uniquement Madian. Devant le besoin... nous chutons vite… La femme et Adam en furent l'exemple parfait. Il ne faut plus qu'il en soit ainsi. Il faut à Dieu des hommes rompus, irrépréhensibles, incorruptibles, une fois que le Christ sera parfait en nous.
L'exercice sera long et douloureux, mais le but en vaut le prix. Ce que Dieu nous demande de produire comme œuvre est aussi le motif des moments difficiles que nous traversons. ***« La Grâce ce de Dieu est un pédagogue ».***

Autre part encore il est dit : Jas 2:19 Tu crois qu'il y a un seul Dieu, tu fais bien ; les démons le croient aussi, et ils tremblent.
Il doit se tenir dans la même condition quand il croise le chemin d'un autre fils de Dieu... « Veux–tu savoir, ô homme vain, que la foi sans les œuvres est inutile ? »
Dieu ne se raconte pas... Il se démontre.
Eh oui ! C'est l'ensemble foi et œuvres qui ont fait de Jésus, le Christ : Jésus-Christ.
Il nous appartient de bien comprendre qu'il n'est pas bon d'être unijambiste ou impotent quelque part. C'est un salut complet.
Mt 11:5 « les aveugles voient, les boiteux marchent, les lépreux sont purifiés, les sourds entendent, les morts ressuscitent, et la bonne nouvelle est annoncée aux pauvres ». Dans la famille de Jésus-Christ, il n'y a pas de déséquilibré, de boiteux... Tous sont appelés à être parfaits dans les œuvres de Dieu comme le fut le fils premier né.
1Ro 18:21 Alors Elie s'approcha de tout le peuple, et dit : Jusqu'à quand clocherez–vous des deux côtés ? ***Si l'Eternel est Dieu, allez après lui ; si c'est Baal, allez après lui !***

On ne peut servir deux maîtres. Les difformités que nous constatons dans notre marche... la jalousie et les vaines querelles de personne montrent bien que nous sommes loin de la maturité spirituelle revendiquée par ceux qui manquent de connaissance.
« Jas 3:2 Nous bronchons tous de plusieurs manières. Si quelqu'un ne bronche point en paroles, c'est un homme parfait, capable de tenir tout son corps en bride ». Et pourtant c'est le but assigné à notre Pédagogue... ***former un homme parfait en Christ***.

L'onction christique est pour ceux qui s'engagent résolument dans l'obéissance à se faire former. C'est pourquoi « 2Co 10:6 Nous sommes prêts aussi à punir toute désobéissance, lorsque votre obéissance sera complète ». Le fils de Dieu ne pèche pas. Celui qui pèche est du diable. C'est effrayant ! Quand on sait que la sanctification fait débat au milieu des chrétiens...."sans la sanctification nul ne verra le Seigneur"
...Heb 10:29 de quel pire châtiment pensez–vous que sera jugé digne celui qui aura foulé aux pieds le Fils de Dieu, qui aura tenu pour profane le sang de l'alliance, par lequel il a été sanctifié, et qui aura outragé l'Esprit de la grâce ?
Attention ne nous affolons pas… « 2Co 10:6 Nous sommes prêts aussi à punir toute désobéissance, ***lorsque votre obéissance sera complète*** ».
Avez-vous noté comme nous, les termes "lorsque" « jusqu'à ce que » ou « complète » ? Nous subissons un enseignement de la part de Dieu, de Jésus-Christ et du Saint-Esprit. Nous sommes dans une école et une évaluation certificative est attendue. 1 Cor 10:5 Mais la plupart d'entre eux ne furent ***point agréables*** à Dieu, puisqu'ils périrent dans le désert. Ou… ils n'obtinrent pas leur « agrégation », un haut diplôme.
Vous faites bien d'y prendre garde.

Ces éléments indiquent « une étendue dans le temps » une durée. Cela aussi donne toute la force à la notion « endurance » ou persistance » ou « persévérance ». C'est pourquoi, 1Ti 3:6 Il ne faut pas que le responsable, le diacre ou l'Ancien soit un nouveau converti, de peur qu'enflé d'orgueil il ne tombe sous le jugement du diable. Violant cette parole, nous avons condamné des croyants à des secousses diaboliques auxquelles ils n'étaient pas préparés. Puis devant leur déconfiture, nous les avons chassés, exclus... après que nous les ayons pompeusement consacrés prophètes, évangélistes, pasteurs... ou Anciens. Non pas qu'ils n'avaient pas d'appel sur leur vie ... mais nous avons tous été trop pressés par... je ne sais plus quoi... ou certains désirant paraître sont apparus trop tôt se rebellant contre les Anciens.
Nous courons un marathon ou seuls les endurants dans la foi seront couronnés de lauriers immortels. Les grandes enjambées au départ d'un marathon ne sont pas payantes, c'est à la fin que se fera le bilan.

Non, nous n'avons pas à lutter contre la chair et le sang, mais contres des politiques mondaines établies, contre les dominateurs du monde des ténèbres, contre Satan, le prince de ce monde. Nous avons à lutter contre toutes les lois votées au milieu des hommes, des lois pour renier Dieu et sa Parole.
Ils sont les fournisseurs de :

- La convoitise de la chair
- La convoitise des yeux
- L'orgueil de la vie.

C'est pourquoi celui qui aime le monde et ses amusettes ne saurait être agréé par Dieu.

Ainsi donc mes frères Dieu peut nous disqualifier :
1Co 10:5 Mais la plupart d'entre eux ne furent point agréables à Dieu, puisqu'ils périrent dans le désert.
2Co 5:9 C'est pour cela aussi que nous nous efforçons de lui être agréables, soit que nous demeurions dans ce corps, soit que nous le quittions.
Arrêtons-nous un instant et débattons autour du thème : "quand Dieu nous disqualifie ! " Sans oublier que la victoire qui triomphe du monde, c'est notre foi.
« Jusqu'à ce que donc ! » … ***Jn 1:13 lesquels sont nés,***
- non du sang,
- ni de la volonté de la chair
- ni de la volonté de l'homme,
- mais de Dieu.

Avant de naître de Dieu, il faut bien naître de sang... je ne crois pas que Dieu sauve des clones et les homosexuels ne peuvent avoir d'enfants, je ne parle pas d'adoption. Cette succession de naissances me fait dire qu'il y a des naissances pour Une naissance. De même il y a « des corps pour un corps ».

C'est un long et douloureux processus de transmutation que chacun subit selon un rythme propre fixé d'autorité divine. Vous le savez dans la nature de la chenille au papillon… il y a un lien. Pourtant les deux êtres ne sont plus de la même nature au final. Lisons encore :
1Co 15:47 Le premier homme, tiré de la terre, est terrestre ; le second homme est du ciel.
1Co 15:48 Tel est le terrestre, tels sont aussi les terrestres ; et tel est le céleste, tels sont aussi les célestes.
« Insensé ! Ce que tu sèmes ne reprend point vie, s'il ne meurt. »
1 cor15 :39 Toute chair n'est pas la même chair ; mais autre est la chair des hommes, autre celle des quadrupèdes, autre celle des oiseaux, autre celle des poissons.
Jer 48:11 Moab était tranquille depuis sa jeunesse, Il reposait sur sa lie, Il n'était pas vidé d'un vase dans un autre, Et il n'allait pas en captivité. Aussi son goût lui est resté, Et son odeur ne s'est pas changée.

Ce que nous appelons « épreuve » est aussi un moyen de notre transmutation… Ce sont des transformations de gloire en gloire pour une gloire éternelle. Nous passons de tamis en tamis jusqu'à l'obtention de la fine fleur de farine.
La chair et le sang ne peuvent hériter du royaume et cependant, ce sont à des hommes en chair et en os que l'Evangile est prêché. Et c'est dans le corps qu'est logé le péché. On ne peut vous transporter avec tant de sauvageries dans le royaume. Il faut passer par le long tunnel de la transmutation. Il faut que le caractère mondain, puant la sauvagerie disparaisse, qu'enfin apparaisse le caractère de Jésus-Christ... la bonne odeur de Christ.

Ps 51:10 O Dieu ! Crée en moi un cœur pur, Renouvelle en moi un esprit bien disposé.
Ce travail de métamorphose, seul le Christ sait l'accomplir, c'est pourquoi, je veux connaître le Christ. Connaître, naître congénitalement avec. Venir dans l'existence, commencer à être. Apparaître dans l'histoire, un homme apparaissant en public en vue de réaliser ce qui a lieu d'être.
Voilà, Jésus est né du Saint-Esprit. Toutefois c'est à un autre moment de sa vie qu'il entend ce témoignage :
Heb 1:5 Car auquel des anges Dieu a–t–il jamais dit : Tu es mon Fils, Je t'ai engendré aujourd'hui ? Et encore : Je serai pour lui un père, et il sera pour moi un fils ?
Que dire..., que Jésus est le fils de Saint-Esprit comme tous les croyants nés de nouveau mais que le Christ est engendré par Dieu.
Le Christ, engendré par Dieu : yada` (yaw-dah')- edy. Se définissant par : reconnaître, choisir, être certain de, découvrir…, Se rendre connu, être connu, celui qui est connu, ce qui est rendu connu. C'est une certification à un certain moment de notre marche. Ce que nous ne savons tous pas attendre, Ce moment de la certification... C'est pourquoi, il y a floraison de Prophètes prospères... et que le peuple demeure dans le dénuement.
Math 7 : 20 C'est donc à leurs fruits que vous les reconnaîtrez. OU LES IDENTIFIEREZ
21 Ceux qui me disent : Seigneur, Seigneur ! N'entreront pas tous dans le royaume des cieux, mais celui–là seul qui fait la volonté de mon Père qui est dans les cieux.
22 Plusieurs me diront en ce jour–là : Seigneur, Seigneur, n'avons–nous pas prophétisé par ton nom ? N'avons–nous pas chassé des démons par ton nom ? et n'avons–nous pas fait beaucoup de miracles par ton nom ? 23 Alors je leur dirai ouvertement : Je ne vous ai jamais connus, retirez–vous de moi, vous qui commettez l'iniquité.

Ce qui est important c'est le fruit pas les œuvres... mais vous ne pouvez avoir le fruit sans faire les œuvres. Sans nous laisser distraire par les généalogies et la doctrine de l'engendrement, ou celui de la perte ou non de son salut, allons à l'essentiel : celui

qui commet l'iniquité et qui y travaille n'est pas connu de Dieu malgré les démons chassés, les malades guéris… il peut pendant ce temps se remplir les poches... c'est son salaire... en tant qu'ouvrier de....l'iniquité.
Tu le sais mais tu n'as plus le courage de .... Partir pour le désert d'Arabie pour ton salut, pour être réorienter dans le chemin.
Ga 2:2 ***et ce fut d'après une révélation que j'y montai***. Je leur exposai l'Evangile que je prêche parmi les païens, je l'exposai en particulier à ceux qui sont les plus considérés, afin de ne pas courir ou avoir couru en vain.

Et cela nous ramène infailliblement à :
1Co 13:2 Et quand j'aurais le don de prophétie, la science de tous les mystères et toute la connaissance, quand j'aurais même toute la foi jusqu'à transporter des montagnes, si je n'ai pas la charité, je ne suis rien.
Le fruit indique la nature d'un être et cette nature produit ses œuvres propres. Mt 7:16 Vous les reconnaîtrez à leurs fruits. Cueille–t–on des raisins sur des épines, ou des figues sur des chardons ?

Comment donc Dieu nous identifie ? Par le sang de Jésus ? Par le fruit ? Par les dons spirituels ?
Un conseil : si ta main droite est porteuse de mauvais fruits comme les œuvres de la chair, coupe-la ! Engage-toi dans le processus de la transmutation par la vertu du Saint-Esprit « ***jusqu'à ce que*** »…. Christ soit formé en toi.
Cant 4:16 Lève–toi, aquilon ! viens, autan ! Soufflez sur mon jardin, et que les parfums s'en exhalent ! –Que mon bien–aimé entre dans son jardin, Et qu'il mange de ses fruits excellents ! –

Vivement la souffrance salutaire .... SHALOM

Printed by Books on Demand GmbH, Norderstedt / Germany